U0366707

赞誉

刘徽是我知道的客户成功的早期实践者之一，他在销售易从 0 到 1 搭建了客户成功体系。这本书值得公司的核心业务人员人手一本，对从事 B2B 管理和创业的伙伴也会有莫大帮助。

——揭发（Jeff） 循环智能联合创始人 & COO

从早年在 IBM 负责企业级客户的高端服务到 SaaS 领域的客户成功，刘徽专精于此，是业内的先行者。本书高屋建瓴，着笔切中肯綮，是集其多年心血的力作。

——马亮　星衡科技联合创始人 & COO

刘徽是构建客户成功体系的先驱者，他的这本书理论结合实践，总结了大量客户成功的最佳实践。

——常丰峰　虎鲸跳跃创始人 & CEO

刘徽是中国客户成功领域的早期从业者和行业开拓者，他从 0 到 1 搭建了销售易的客户成功体系，至今仍被当下主流 SaaS 公司沿用和借鉴。

——郭超　Moka 客户成功负责人

客户成功的思维和技能是企业必备的能力，本书将帮助企业建立以客户为中心的经营思维，通过客户成功让自己和客户共同实现持续增长。

——李全良　纷享销客 COO

前言

谁需要客户成功?

SaaS 模式有这么强大吗?

只有 SaaS 企业需要客户成功吗?

只有 B2B 企业需要客户成功吗?

B2C 企业是否需要客户成功呢?

到底谁需要客户成功呢?

SaaS 商业模式将原有的销售模式进行了革新，消费形式由一次性付费转变为订阅式付费。近些年，软件市场已经被很多 SaaS 后起之秀抢占，不再是传统软件巨头的天下。

在 SaaS 起步更早的美国，行业开辟者 Salesforce 现在市值超过千亿美元，已经和甲骨文、SAP 这样的传统软件巨头不相上下。紧随其后的 Workday、ServiceNow、Zoom 等 SaaS 公司，市值均在 300 亿～500 亿美元之间，并且仍在快速增长中。微软已推出了 SaaS 模式的 Office 365，谷歌也推出了订阅服务套件，还有其他未上市的独角兽等，SaaS

模式的市场规模已大到无法计量。

与此同时，国内也诞生了一批 SaaS 模式的独角兽。如赴美上市的有赞、微盟，均已是百亿美元市值的企业，金蝶、金山的 SaaS 业务也在蓬勃发展。未上市的人力资源行业软件领导者北森、CRM 软件领导者销售易，最近一次融资规模都在上亿美元级别。我们以前认为的传统行业如金融、法律，也都出现了服务垂直行业的 SaaS 软件创业公司，如国内最知名的律所之一——“天同”旗下的无讼软件。

这些都说明了 SaaS 模式是大势所趋，并且有着巨大的发展空间。关注过 SaaS 行业的人都会知道，成功的 SaaS 公司无一例外都是强调客户成功的，公司发展得越好，越会把客户成功作为商业竞争的重要战略手段。同时，分析它们的财报不难发现，老客户带来的收入在其整个收入结构中占据着最大的比重，而这一切的根源在于它们都很好地把客户成功融进了公司的基因。

除了 SaaS 公司，其他行业的 B2B 企业也纷纷开始尝试客户成功式经营。只是不同的企业对“客户成功”的了解不尽相同，有的企业认为客户成功是传统客户服务的延伸，有的则认为这是一个全新的岗位。不同的理解代表着企业对于客户成功这个岗位的定位和招聘是按照不同方向进行的。

其实，“客户成功”是一种思维模式和能力，以客户为中心，把客户的成功当成工作目标。

现在越来越多的企业开始设立专门的客户关怀部门和岗位来服务客户的关键决策者、服务客户，尝试通过提升服务来寻求差异化，从而锁定老客户。这种模式在某种程度上也可以称为客户成功。

在软件行业、B2B 领域之外，我们日常生活中很多 B2C 行业也被类似 SaaS 模式和客户成功思维颠覆着，例如订阅鲜花、课外学习、视频娱乐，甚至零食零售，都在不知不觉中从一次性付费购买的方式转变成订阅付费加会员管理的方式。这足以看出在市场需求逐渐趋于饱和的情况下，企业经营者逐渐把经营重心从新客户的争夺转移到了老客户的留存和持续付费上。于是，这些公司中也诞生了类似客户成功的岗位，帮助企业挑起老客户营收的重担。

除了企业需要具备客户成功的能力，我们每个人也都需要这样的思维和能力。无论是什么样的岗位，其实都是服务者。作为老板，需要服务客户和员工；作为 HR，需要服务用人经理和候选人；作为行政，需要服务企业的所有员工；等等。

要成为企业内优秀的“服务者”，仅有服务意识是不够的，你还需要知道服务的对象需要什么。具体来说便是了解服务对象内心的诉求是什么，通过哪些方式可以帮他们实现心目中的“成功”。因此优秀的“服务者”更需要的是与客户成功同样的思维和能力。

为何写作本书

在工作中，我接触过很多“假的”SaaS 企业，它们其实就是把一次性付费变成了分期付款而已，并没有抓住 SaaS 的本质。与此同时，也有一些企业正在或者计划从传统的收费模式往类似于 SaaS 的业务模式转型，想要深入地了解转型后的工作方式。

现如今，企业的经营者面临的问题也在发生转变，市面上随处可见教企业如何获客的书和工具，但是如何帮助客户感知价值、如何长久留下客户、如何把销售漏斗从“漏斗”变成不断扩大的“沙漏”等问题，很少有人帮助企业解答。

客户成功经理已是一个较为常见的岗位，但他们大多是从之前的客户服务或者客户运营角色转换而来的。究竟客户成功经理的日常工作是什么，怎么才算工作做得好，除了国外的部分书和国内零星的文章，现在找不到太好的理论指导。

其他各个岗位的从业者，即便不面向终端客户，但实际上也在服务着很多内部客户。这样的工作岗位如何运用客户成功的思维帮助到自己和他人？应该没有人这样思考过。

所以本书主要帮助大家解决以下 5 个问题：

- 如何理解 SaaS 这种商业模式；
- 如何理解客户成功的思维方式；
- 客户成功需要具备什么样的能力；
- 客户成功该如何完成自己的工作；
- 如何真正做到让客户“成功”。

本书主要内容

本书的主要内容如下。

首先带读者了解在 B2B 和 B2C 两种业务模式中如何正确认识客户。

之后介绍订阅的业务模式是怎么回事，并从定义、角色、能力要求等各个角度了解客户成功是怎样一种岗位。

接下来介绍客户成功团队如何搭建，以及团队成员日常工作的内容与考核方式。

然后，我将客户成功与客户的生命周期相结合，细致阐述每个阶段客户成功经理的工作内容，重点阐述在每个阶段客户成功的工作要点以及注意事项，特别是如何避免客户流失以及如何有效地进行二次销售和续约。

除此之外，我将用一章的内容讲解客户成功团队应如何与其他团队配合，如何将公司打造成具备“全员客户成功”思维的企业。

在本书中，我将把从业 6 年多以来的心路历程、感悟以及个人心得分享给所有的读者。

本书内容特色

作为中国最早一批接触客户成功的人，我从 2014 年 2 月开始搭建客户成功团队，相关的工作模式、职业路径、能力模型、跨团队配合方式都是我和团队一点一点尝试出来的，走过的弯路不计其数，其中的点滴都被我记录下来。加上个人 5 年多顶级咨询公司的工作经历，我深知如何精准了解企业的痛点，解决企业的问题，达到客户的预期。这些工作思路和经历，与客户成功不谋而合。

在销售易工作的时候，经纬和红杉如果投资了其他 SaaS 公司，那些伙伴公司的创始团队会通过投资方的引荐找到我，让我介绍如何从零开始搭建客户成功团队。还有不少企业的创始人在某知识付费平台上约我，让我一对一辅导，帮他们讲解客户成功的相关内容。也有些 SaaS 行业的从业者，他们的职业规划是往客户成功方向发展，但不知道该如何转变职业生涯、提升自己，也会找到我帮他们解开疑惑。

现在，我把这几年的工作实践与早期的咨询工作经验相融合，和大家分享我对 SaaS 模式、对客户成功的认知，介绍我这几年搭建、管理、培养客户成功团队的经验和教训，阐述客户成功日常工作中的关键里程碑及对应交付物的内容等关键细节。

我希望能让 SaaS 企业的管理者、正在往 SaaS 创业路上走的创业者和希望进入客户成功领域的从业者，让那些不认识我的、没有机会和我一对一沟通的人们，通过本书不再对客户成功感到陌生，都可以对客户成功建立清晰的认知，都可以意识到客户成功对于企业的重要性，并且避开我在摸索过程中踩过的坑。

希望通过本书能帮大家跳出固有的服务思维局限，把以客户为中心和成为解决问题专家的思维传递给每一个企业管理者和工作者，让大家的工作方向更清晰。

致谢

在此我想感谢销售易的 CEO Allan，是他在公司成立的早期把“客户成功总监”这个如此重要的岗位交给刚刚 MBA 毕业的我，帮我开启了我职业生涯的新篇章。刚入职的时候 Allan 送了我一本 Salesforce 创始人写的《云攻略》，在我日后的工作中他也给了我非常多的信任、指导和建议，这一切让我的成长之路更平坦。

同时我也想感谢 *Customer Success* 这本英文书，在国内没有成体系的学习资料的时候，这本书让我得到了当时客户成功领域最有效的经验。

我的愿景

我希望客户成功的思维能让所有企业看到可规模成长的方向，通过做正确的事与客户共同成功。我也希望客户成功思维让所有人能够把握住工作的核心，在职业的道路上取得更大的成功。

目录

第1章 CHAPTER 1

B2C vs B2B，读懂以客户为中心

客户成功是最近几年比较流行的概念，也是近几年非常受追捧的工作岗位。究竟什么是客户成功，客户成功的工作内容是什么，如何才能帮助客户成功，这些问题都会在本书中有详细的讲解。

本章的主要内容围绕客户成功中“客户”这个词展开。随着市场竞争日趋激烈，在客户资源有限的情况下，每一个客户对商家来说都显得尤为重要。“以客户为中心”是我们常常听到的说法，它代表了大多数商家对客户的重视。为什么要以客户为中心？从哪些方面可以更好地了解我们的客户，以便更好地以客户为中心开展服务？

1.1 为什么要以客户为中心：3 个理由

“客户成功”由两个词组成：“客户”和“成功”。想要真正了解客户成功的含义，就需要先认识你的客户，了解他们对成功的定义。因此，在进入成功这个话题之前，我想先聊聊客户。

先思考一个问题：什么情况下供应商不需要关注客户呢？

首先，客户存在不得不解决的刚需问题。

其次，我们的产品在市场上独一无二，或者我们的产品能力远超出同类产品的。注意，是远超出。

当同时满足这两个条件时，我们可以不考虑与客户的关系，因为我们的产品会供不应求。

当年汽车工业还未成熟时，福特汽车作为市场的领导者，早期就只生产一种型号、一种颜色的汽车，即使满负荷地生产仍然不能满足市场的需求。他们当时甚至自负地说：“客户就只需要这样的汽车。”直到其他汽车厂商生产出了更多样式、更多颜色的汽车，福特汽车不再是客户唯一的选择，他们才感觉到了竞争的压力，不得不开始顺应市场做出改变，开始去了解客户到底需要什么样的汽车。

在 B2B 软件领域也有一个巨大的市场——ERP。早期，SAP 是 ERP 软件领域当之无愧的领导者，尽管 SAP 的界面不太好看，操作起来也比较烦琐，价格还十分昂贵，但是它们的确能够解决大型制造企业所遇到的生产计划、库存管理等问题。因此，国内的厂家不得不斥巨资购买 SAP，再耗费大量的时间和人力去实施、修改和维护，以便让它更加符合自己的需要。那时的 SAP 根本不必考虑中国的厂家需要什么。但是，随着我国软件技术的发展，金蝶、用友等国内软件提供商逐渐成长起来，开发出了性价比更高、操作更顺手、更符合我国用户需求的 ERP 软件。这时，SAP 才意识到竞争已经扑面而来，才开始做出相应的改变。

以上两个例子都说明了，靠产品一家独大的日子已经一去不复返了。哪怕是 iPhone，也已经被华为、小米等国内手机厂商赶上。现在的市场竞争足够激烈，客户的选择足够多，商家为了获取更多的市场份额，开始逐步地把自己的聚焦点从产品转移到了客户。于是，一个新名词 CRM 逐步普及开来。

CRM（Customer Relationship Management，客户关系管理）这个词现如今已经随处可见，但是很多人对这个词有错误的解读，把客户关系管理等同于销售管理或客情关系管理。然而客户关系管理的核心是要以客户为中心。

为什么要以客户为中心呢？简单分析，主要有以下 3 个方面的原因：

第一，企业需要赚钱，要生存，需要吸引客户；
第二，获客成本不断提升，留住老客户变得十分关键；
第三，移动互联网时代，口碑传播效应被成倍放大。

第一点很好理解，没有客户就没有收入，企业就无法生存，因此，获取客户是每个企业的第一要务。在这个充分竞争的市场环境中，要获取客户，就需要把客户放在中心。下面展开说说第二和第三点，帮你从另外两个角度更好地理解为什么要以客户为中心。

第二点，企业想要尽可能地触达客户，让客户知道自己，就会在媒体上做广告，希望在搜索引擎的搜索结果中出现在更加靠前的位置。但是，因为市场竞争激烈，广告的价格越来越高，搜索竞价排名越来越贵，所以企业获取每一条新线索的平均成本越来越高。与此同时，当你在一个市场取得不错的成绩时，你的竞争对手就会越来越多，各家的产品也会越来越趋于同质化。甚至有一些竞争对手会和你打价格战，导致你高价获取的线索转化率变低，结果就是投入产出比大幅下降。另外，大家可能听过一个说法："留住一个老客户的成本，只有获取一个新客户的 1/10。"这是经过不同行业验证的结果。随着时间的推移，留住老客户的成本逐渐变得几乎可以忽略不计，但是他们产生的价值却在逐年增长。因此，在即便烧钱获取新客户也不那么划算的时代，能否尽可能多地留住老客户就成了各家企业经营好坏的分水岭。

第三点，随着移动互联网的普及，口碑效应越来越明显，与非互联网时代相比，呈指数级放大。随便一条朋友圈、一条微博或一段短视频，都可能给你的业务带来极大的正面或者负面影响。特别是一些 KOL，他们拥有几百万甚至上千万粉丝，口碑效应更加明显，他们的一条差评就可能让受评者客流量直线下降。不仅 B2C 领域有这样的 KOL，B2B 领域也同样有。很多行业的标杆企业，知名公司的领导人、管理者，他们的选择和评价会直接影响行业内其他企业的选择。如果他们愿意为供应商站台，所带来的正面传播效应甚至会超过你在任何媒体上的广告。因此，以客户为中心，维护好每一个客户，经营好自己的口碑，对企业的长久经营非常重要。

客户是我们的衣食父母，客户的价值对我们很重要，这个价值不仅体现在他们付出的成本上，也包括了他们对产品改进所做出的贡献，以及他们的口碑为我们带来的传播效果。

1.2　如何做到以客户为中心：3 个关键点

理解了为什么要以客户为中心后，我们需要知道如何才能做到以客户为中心。一般而言，需要考虑以下几个问题。

第一，你是否了解这个行业的客户的痛点。

前面很多次提到“广告”这个词，下面就以广告投放为例来谈谈客户的痛点。厂商投广告只有一个目的，获取客户。为了全方位地触达客户，厂商会投各种渠道的广告，例如 Facebook、抖音等新媒体上的广告，电梯内的视频广告，传统媒体的电视广告，Google 和百度的搜索广告，等等。投放广告的客户通常有以下几个痛点。

痛点 1：广告效果无法评估。有客户看了我们的广告后注册了我们的产品，但是我们不知道他是被哪个渠道的广告吸引来的，因此没有办法分析各种广告渠道的投放效果。

痛点 2：虚假流量难以识别。很多广告商是按点击量收取客户费用的，因此客户希望每次点击都是真实且不重复的，但是广告流量作弊十分常见。

第二，客户是否愿意为这个痛点付费。

广告变得越来越贵，而客户的广告预算是有限的，客户希望所有的预算都可以带来有效的转化。所以，客户愿意花一定的费用去了解到底哪个渠道带来的线索最多，转化率最高，以便可以更加有针对性地在该渠道增加广告预算。对于转化率低甚至没有转化的渠道，我们不会在上面投放任何广告，这样就省下了一大笔预算。同时，我们希望有人或者技术能够帮助我们排除虚假的、重复的点击，使我们能够获得每个渠道的广告效果的真实数据，减少因为重复点击和虚假点击而造成的浪费。

第三，你的产品是否能够解决这个痛点。

关于广告效果追踪，我们可以找到很多提供类似解决方案的软件厂商。只要使用它们的产品，就可以很好地解决上面提到的两个痛点。并且，相比为客户省下的非必要的广告支出，购买此类软件的费用要低得多。因此，非常多的客户愿意付费购买这样的解决方案，以帮助他们在预算有限的情况下进行更精准的广告投放，以实现“每一颗子弹，消灭一个敌人”。

以上三个问题都是在围绕客户的真实诉求、真实痛点寻找答案。每一个公司的管理者在创办公司之前，都需要问自己这三个问题，只有这三个问题的答案都是肯定的时候，你的产品才真正是市场需要的，才真正做到了以客户为中心，才有可能做出一家成功的公司。

1.3 B2B vs B2C，从 6 个方面了解你的客户

如果我们不考虑政府这一类型的客户，那么可以按客户类型将生意总结为两类——B2B 和 B2C，也就是面向企业的生意和面

向个人的生意。

这两种生意模式看上去好像只有面向的客户群体不同，但是实际上有着非常多的差异。只有先了解这些差异，我们才能清楚地理解我们的客户是谁，他们是如何做生意的，他们会需要什么帮助，进而了解我们该如何以他们为中心，如何帮助他们成功。

接下来，我们从图 1-1 所示的 6 个方面来解读 B2B 和 B2C 生意模式的差异。

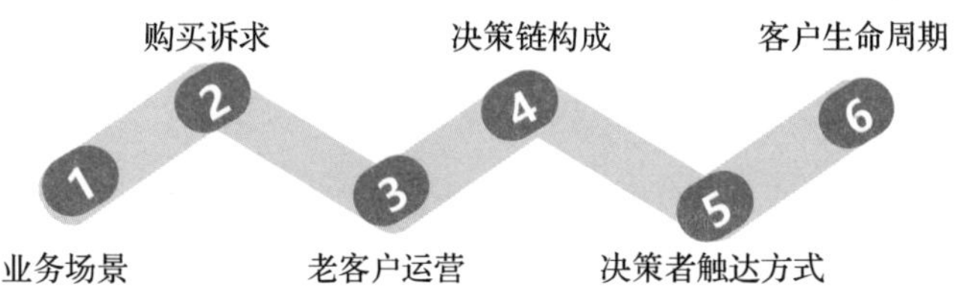

图 1-1　B2B 与 B2C 客户视角的 6 个差异

1.3.1　业务场景的差异

B2C 和 B2B 在业务场景上有着较大的差异，主要体现在 3 方面：购买行为决策、成本承担者和结果呈现。

1. 购买行为决策

首先，B2C 的客户是个人，购买行为是由个人决策的。我们每个人其实都是消费者，会去饭店吃饭、打车、娱乐、学习……所有这些消费都是我们个人的选择，不需要任何人批准，只要我们能够负担得起。

举一个简单的例子，我想报名参加一个周末英语学习班。这是我个人的消费行为，我认为需要通过学习进一步提高自己的英语表达能力。所以，我自己就能决定这件事，不需要别人的批准和审核。而且，培训机构的学费、师资力量、地点等重要因素，只要我认可，我就可以做出决定，完全凭我个人喜好。

但是，B2B 的购买行为是需要层层决策的，与 B2C 有很大的差别。虽然企业产品一般也是由自然人出面购买，但是他代表的不是他个人，而是他所在的企业。因此，他可能先会去找一些同类产品来进行分析和对比，然后以招投标的方式进行选择，最终选定一个供应商。因为他代表的是公司，所以他不能以个人的喜好来决定如何选择。

同样是英语学习，这次我想和一个英语机构合作，不是因为我个人想要提升英语水平，而是公司要拓展海外业务，需要提高公司全员的英语交流水平。在这种情况下，我会把这件事情告诉我的领导，我的领导会请示老板，最终由老板来决策是否要做这件事。由此可见，整个购买行为会经历层层决策的过程。当老板认为这件事可以做时，我就会代表公司选择一家合适的英语培训机构。这时，我不能凭个人喜好做决定，而是要同时找很多家机构，分析他们的优劣势和性价比，选出我认为比较合适的几家，然后提交给老板做决定。

综上可以看出，B2C 和 B2B 的客户群体不一样，决策者的角色不同，决策的立场和决策方式也不同。

2. 成本承担者

因为 B2C 和 B2B 的客户群体不一样，所以成本的承担者也有很大差异。

B2C 的消费是个人行为，是为了满足个人需要，因此成本由消费者个人承担。B2B 的消费是公司行为，是因公司业务需要而产生的支出，因此成本由公司承担。

在上面的例子中，公司做出决策后，我与选中的那一家机构沟通，并最终达成商务合作。此时，尽管是由我出面签订合同，但是合同上需要我们公司的公章。公司需要支付给他们一笔不菲的费用，不需要我这个商务对接者买单。

3. 结果呈现

在 B2C 和 B2B 两种场景中，相较于前两点，结果呈现的差异更加明显。

B2C 的消费者不需要向其他人呈现结果，只要消费者自己觉得值就可以。以学习英语这件事为例，提升英语水平是我个人的目的，我个人对这个结果负责，具体结果如何，我不需要向任何人汇报，也不用承担任何责任。

B2B 的购买行为是必须要呈现结果的。在上面的例子中，这件事由我牵头并与培训机构完成签约，我一定要让公司的其他同事都看到效果，尤其是老板，因为他是实际的买单者。不管老板最终选择了哪家供应商，都是我代表公司做出的选择。公司要看到这一次合作带来的实质性效果，我需要对结果负责，结果的好坏也会直接影响到我的绩效或者升迁。

在 B2B 的消费行为中，只有真正了解消费场景，从客户的角度思考整个过程，产品和服务的提供者才有可能做到真正的“以客户为中心”，否则都是空话。

1.3.2 购买诉求的差异

除了业务场景不同外，在这两种模式下，用户的购买诉求也完全不同。

B2C 的消费主要是为了满足个人诉求，反映的是消费者个人的主观需要。例如，报英语学习班是为了提升个人的英语能力。而 B2B 的购买是为了满足企业的需求，虽然企业的需求各不相同，但最终目标都是帮助企业完成日常工作。在上面的例子中，我的工作是要帮助全公司提高英语水平，这是我的工作职责之一，但是我又无法通过我个人的能力完成。所以，我需要与英语培训机构合作，这是帮我完成工作的一个手段。又比如，企业购买软件来提升销售业绩和降低获客成本，目的也是帮助销售人员更好地完成工作。因此，不管具体解决的是工作中的什么问题，我们购买这些产品和服务的唯一目的都是为了完成工作。

了解客户诉求是客户成功一切工作的基础。以客户为中心最基础的出发点是知道你的客户需要什么。不了解客户的诉求，我们所能提供的仅仅是泛泛的、无差异的产品和服务，客户的满意度一定不会太高，客户成功也就无从谈起。

1.3.3 老客户运营的差异

众所周知，老客户的留存对公司业务的可持续发展非常重要，客户成功的工作职责之一就是留住老客户。为了提高老客户的留存率，在 B2C 和 B2B 两种模式中，老客户的运营角度和运营方式是完全不一样的。

在 B2C 模式中，通过运营手段留住老客户相对会容易一些。之前提到，B2C 的购买行为是消费者个人决定的，为了留住他，我们的运营手段只需要能够触达这个人，只需要让他一个人满意即可。我们有很多运营方法能持续地留住这个用户。比如，如果用户比较在意价格，我们就给予更多的折扣，老客户享受折上折；如果用户比较在意消费感受，我们就提升他的用户体验，老客户来店消费不需要排队。又或者通过给予随机奖励的方式吸引用户，网络游戏就是通过这种方式让玩家逗留更长时间的。在用户玩游戏的过程中，系统会时不时“爆”出一个好的装备，让玩家一直有期待，舍不得离开游戏。所以，我们可以用各种各样的运营方法来让这个客户“爽”，通过满足他个人的期待来长期留住他。

留住 B2B 的企业客户显然比留住个人客户更具挑战。前面提到，B2B 业务的购买行为和购买诉求与 B2C 有很大差异，所以我们要想通过一些运营手段留住企业客户，就要从行为和诉求两方面考虑，然后从以下三方面着手，这也是客户成功日常工作的重要内容。

第一，帮助购买者进行内部推广。

B2B 的客户希望通过购买我们的产品和服务来帮助他们完成工作，所以客户成功工作的第一步是要把客户购买的产品推广到他的公司内部。

回想一下之前我为公司购买英语培训课程的例子。培训机构要做的第一件事就是协助我顺利地将这件事在全公司内进行推广。因为我购买的初衷是希望公司全员的英语水平都得到提高，所以我的工作职责自然就包含了“让全公司的同事都能够积极地参与到培训中”，如果大家都不参与，英文水平自然不会有提升。所以，如何帮助我顺利地让全公司员工都参与，帮助我分担内部推广的压力，一定是这家英语培训机构能够长期留住我们公司这个客户的一个很重要的前置条件。

显而易见，如果英语培训这件事情没能很好地在公司内部推广开，大家都不上课，公司也就没有持续购买课程的必要。反之，如果大家都很喜欢这个英语培训机构的课程，公司自然会考虑持续购买新的课程，甚至会购买该机构的其他类型的英语培训课程，以更好地帮助大家进步。

第二，设定合理且可以量化的目标，并达成该目标。

第二件非常重要的事情就是帮助客户设定合理的目标，并协助他达成目标。我们在工作中经常会听到客户这样说：“我们觉得你们的产品对我们公司没有什么用，所以不会再续约。”有用或者没用，是很主观且很模糊的说法。也许真的没有用，也许有用但客户没有感觉到，更有可能是客户心中的“有用”和我们心中的“有用”不是一个标准。

我购买英语培训课程的目的是帮助全公司提高英语水平。什么叫提高英语水平？提高到什么水平？培训机构需要从专业的角度来协助我设定一个目标，并且最好是一个可以量化的目标，以便于衡量大家的英语水平是否真的得到了提高。比如，通过半年的学习，全公司所有人的词汇量都达到 1000 以上，全公司所有人的 TOEFL 英语考试成绩都可以达到 70 分以上，等等。通过设定合理的目标，并对这种目标达成率进行考量，从老板到员工都可以真切地感受到全公司的英语水平确实得到了提高。培训机构协助我们设定目标，并帮助我们达成目标，无疑为我后续继续购买它的课程打下了非常有说服力的基础。

第三，ROI 分析。

能以数据的方式帮助企业客户呈现出他们购买我们的产品的 ROI（投入产出比），对于我们留下客户是有极大帮助的。产品在公司内部顺利推广，并且取得了想要的效果，是否就意味着客户一定能留存呢？并不一定。客户还会考虑一件事：值不值。值或是不值，是需要参照物的。公司为某项产品或服务付出了一定的代价，收益如何，直接决定了此事值或是不值。

举例来说，我们公司每年购买英语培训课程需要花费 100 万。公司业务人员英语水平提高后，公司的海外业务推广非常顺利，每年给公司带来的业绩增长超过 1000 万。100 万的投入换来 1000 万的产出，相信没有决策者会反对这种投资。这种情况下，我也很容易说服老板继续购买后续的培训课程。因此，帮助我呈现 ROI 数据，就是给我说服老板的依据。之前提到，B2B 的购买行为是层层决策的，所以帮助购买者更好地向老板汇报成绩可以缩短老板的决策时间，更容易让老板持续地购买我们的产品和服务。

1.3.4 B2B 中不能忽视的决策链

B2C 的购买行为是消费者个人决定的，而 B2B 的购买行为需要层层决策。以客户为中心的本质是要以决策过程中涉及的人为中心。如何从决策的角度来维护客户呢？

B2C 相对比较简单，做决策的是一个“点”，企业通常只需要说服一个人就可以使得他购买和持续购买，他既是消费者，又是决策者。

B2B 就不太一样了，做决策的是一条“链”，有着非常清晰的决策流程，也就意味着客户企业中存在着一个叫决策链的隐形组织。所以，我们后期在维护企业客户的过程中，决策链的每一个环节都是需要维护的，而不仅仅是维护发生购买行为的人。尽管最终决策是由某个人做出的，但是决策链中的每个人都可能会影响他的决策。

与英语培训机构进行谈判、推进商务流程的可能只是采购部的一个采购员，但是提出希望通过提高英语水平来完成海外业务扩张这个想法的极有可能是销售部的负责人，而真正做出购买决策并承担这个成本的是公司的老板。了解了这个决策链，在后续的工作中才能真正做到“以客户为中心”来维护客户。

在这个客户的维护过程中，销售部负责人对英语培训的诉求，对销售部所有员工英语水平的期望，公司老板的海外扩张计划和目标等，这些看似与英语培训机构无关的人员和事情，都是需要去了解并且帮助客户实现的。只要帮助客户决策链的每个环节都实现了他们所关注的目标，持续购买就会变成顺理成章的事情。

因此，B2B 业务决策链的各个环节都需要维护，避免只维护与我们发生交易的某个人，这是 B2B 业务中老客户维护的一个重点，也是经常出现问题的盲点。写到这里，必须强调一件事：在 B2B 业务的老客户维护过程中，有一种情况是极为棘手的——决策人变更，其中原因后续章节会详细解释。

1.3.5　决策者触达方式的差异

决策链的所有环节均不可忽视，但其中最重要的一环是最终决策者，只有他能拍板决定购买，同样也只有他能拍板续约。在 B2C 和 B2B 两种业务模式中，想要接触到决策者，方法和难度上都有较大的差异。这里不讲销售技巧，我将决策者这个角色提出来，是因为以后的很多工作都会围绕他展开。

在 B2C 业务中，客户是一个个的个体，有可能是所有人，也有可能是某个特定的人群。我们在进行客户覆盖的时候，瞄准某些特定人群就可以。比如，如果我们希望触达的是上班族，那么就在写字楼、地铁口做广告；如果面向的是学生，就可以在学校门口、培训机构附近发传单。通过这些方式可以比较容易地触达这些个人客户，也就是 B2C 业务中的决策者。

但是在 B2B 业务中，通过以上方式覆盖客户很难。B2B 业务存在一个决策链，真正做决策的人很有可能隐藏在背后，并不直接与供应商接触。这种情况下如何触达他们呢？通过铺天盖地的广告也许可以，但是不够精准而且成本太高。很多销售人员会通过参加一些行业协会的活动来认识一些重要的潜在客户，或者通过有某行业资源的其他销售相互介绍，又或者通过行业内的一些 KOL 帮忙转介绍，以这些方式来触达到目标客户中的关键角色。

大家都知道，阿里巴巴早期有一支著名的“销售铁军”，采用地推、扫楼的方式，挨家挨户敲门并推销自己的产品和服务。他们第一个接触的人是前台，但是前台很显然不是他们的目标，他们必须要想办法绕过前台，通过前台约到他们真正想要找的人。

所以，在 B2B 业务中，想要精准、批量地覆盖客户的一些关键角色，行业不同方法也不同，没有放之四海而皆准的方法。最好的方法是单个突破，但是企业往往没有那么多资源和人力去对所有的目标客户进行 1 对 1 的覆盖，所以资源聚合、资源互换是比较常见的方式。

1.3.6　客户生命周期的差异

要做到以客户为中心，还需要了解客户的生命周期。因为我们会在不同的阶段做不同的工作，让客户感受到我们的专业性。在不同阶段呈现不同的结果，并逐渐向客户心目中期望的目标靠近，让客户感觉离成功越来越近，并最终超出他们的预期，才是真正的客户成功。

不管是 B2C 还是 B2B，粗略地看，客户生命周期的阶段划分差异不大，大体上可以分为 4 大阶段：了解、购买、使用、二次购买。如果对这些阶段再进行拆分，B2B 客户的生命周期会多出几个阶段，这与前面讲到的购买行为和过程是分不开的。

以了解阶段为例，B2B 客户发生购买行为之前，一个人了解产品是不够的，还需要公司内部更多的人了解，并且只了解一个产品也是不够的，需要了解多个产品并进行全方位对比，才可以做出购买决策。因此，通常在了解之后会多出一个“试用”的过程。因为购买者代表公司，支配着公司的成本，就要承担相应的责任，不会草率地决定。因此，深度的试用且让公司更多的人了解是一个减轻决策难度的重要阶段。

另外，面向 B2B 客户的产品或服务通常比较复杂，购买之后很难立刻进入使用阶段，通常会多出两个阶段——实施和推广，这两个部分在后面的章节中会详细介绍。

“实施”这个词常见于软件或咨询行业，是指根据客户的需求对软件或者方案进行定制，从而能够更完美地贴合客户的个性化需求，进而更好地帮助客户。

推广也是 B2B 业务特有的一个阶段，因为很多面向企业的产品，最终的使用者都是全公司的员工或者某一个部门的员工。在实际的购买过程中，只有少数人参与，其他人不清楚也不了解购买的产品，因此让所有最终用户了解、熟悉和使用产品的过程就是推广。有些大集团采购产品或者服务，也不会一次性在整个集团使用。一般是先以一两个分公司作为试点，当收到好的反馈之后，才会逐步推广到整个集团的其他分公司。因此，推广也是企业客户生命周期中的一个常见阶段。

因此，企业客户的生命周期常常分为 6 个阶段：了解、试用、购买、推广、稳定使用和二次购买。

通过以上 6 个阶段的差异分析，我们能够更加清晰地认识到 B2C 和 B2B 两大业务类型中的客户到底是什么样的，他们的购买决策是如何做出的，他们有着什么样的期望，等等。我们要实现的客户成功，最终就是要让客户感受到成功，清晰地了解这些信息，是我们今后所有工作的奠基石。

第 2 章 CHAPTER

解读 SaaS：为什么 SaaS 模式如此受追捧

“客户成功”并不是孤立存在的一个新生词汇，它是伴随着另一个词 SaaS 诞生的。最早，Salesforce 提出“去软件化”的口号，计划用 SaaS（软件即服务）颠覆软件行业。事实证明，他们做到了。现如今，SaaS 模式的软件企业越来越多，同时也诞生了 IaaS、PaaS 等与 SaaS 类似的服务提供商。本章将着重解读 SaaS 模式的特点及其关键指标。

2.1 IaaS、PaaS 和 SaaS

这几年，随着云计算技术的兴起和普及，我们经常听到 IaaS（Infrastructure as a Service，基础设施即服务）、PaaS（Platform as a Service，平台即服务）、SaaS（Software as a Service，软件即服务）这 3 个概念。如果你还不能完全理解它们的含义和区别，我们可以尝试通过一个关于比萨的通俗示例来解释它们。

我们去 A 比萨店，它有固定的菜单供我们选择。虽然选择有很多，但都是固定的，我们只能在有限的范围里选择自己爱吃的品种，然后为此付费。

B 比萨店就不一样，它已经帮我们做好了面饼，同时准备好了各种馅料，比如鸡肉、培根、虾仁、芝士、菠萝、青椒等。我们想要吃什么口味，就挑选自己喜欢的馅料放在面饼上，然后放进烤箱，烤熟后即可享用，最后根据我们选用的馅料组合付费。

C 比萨店只提供做比萨的场所，包括厨房、炉子、烤箱、燃气、水电等基础设施，需要自己准备面饼和馅料来制作自己喜欢的比萨，同时为租用场所的时间付费。

A、B、C 这 3 家店提供服务的模式分别是 SaaS、PaaS 和 IaaS。

下面，我们从它们为客户提供服务的角度来深入分析一下这 3 种模式的本质和不同，如图 2-1 所示。

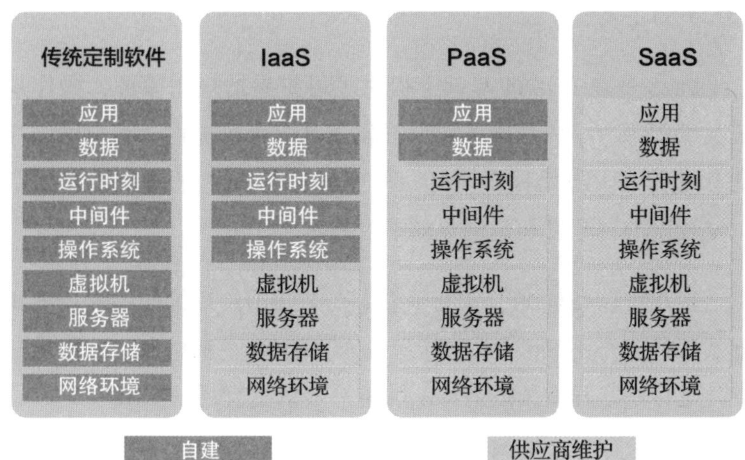

图 2-1　不同模式维护的方式

最早的软件服务商提供的都是定制软件服务。客户需要拥有自己的机房、网络、存储设备和服务器等基础设施，所有的软件和数据都会安装在客户自己的服务器上。因此，对客户来讲，需要有高额的硬件投入，同时需要聘用专业的人员来维护。而以下 3 种模式均为租用模式，帮助客户省去了硬件投入和维护人员等成本。

1. IaaS

IaaS 为客户提供基础设施，包括云服务器及服务器上基本的操作系统。市面上常见的 IaaS 云服务提供商有阿里云、腾讯云、华为云。

客户无须自己租用场地做机房，无须自己购买服务器，无须自己架设各种网络，只需要按需租用这些 IaaS 服务商的设备，在设备上安装需要的操作系统、应用服务和软件即可。

2. PaaS

PaaS 是在 IaaS 的基础上提供了可扩展的应用服务，操作系统、编程语言、应用服务以及开发工具等都已提供，客户可以在此基础上开发应用程序。另一种理解是在 SaaS 的基础上提供了一定程度的自开发和定制化的平台技术。

客户可以在标准产品的基础上，采用平台提供的编程环境和开发工具，在不“破坏”标准产品的情况下，根据自己的需求对软件进行一定程度的改造，从而进一步满足自己的需求。

3. SaaS

SaaS 提供的是标准产品。客户无须自己的机房、服务器，也不需要进行复杂的安装和部署，厂商将所有内容打包成直接可以使用的软件产品，只需要简单地注册和开通即可使用，并且可以按需付费。

随着客户需求的不断变化，SaaS 产品出现了一个短板，即标准化产品无法满足千变万化的客户需求，这个时候就需要结合 PaaS 的能力。

2.2 常见的 SaaS 业务和 SaaS 模式的特点

2.2.1 常见的 SaaS 业务

Salesforce 成立于 1999 年，已有 20 多年历史。而国内的 SaaS 起步稍晚，大概落后了 10 年的时间。国外已经诞生了很多 SaaS 模式的上市公司和“独角兽”，主要集中在企业服务领域。领军者 Salesforce 已经具有了千亿美元市值，其他细分领域的佼佼者也都拥有几百亿美金市值，例如大家耳熟能详的人力资源行业的 Workday、视频会议厂商 Zoom、云存储服务提供商 Dropbox 等。值得一提的是，微软也在几年前做出了革命性的改变，把以销售授权许可的 Office 软件变为了 SaaS 模式，起名为 Office 365。

国内也涌现了很多代表性的 SaaS 厂商，从行业垂直的角度来看，主要分布在零售电商、物流、房地产、医疗、餐饮、酒旅、教育、CRM、电子签名等领域，如图 2-2 所示。

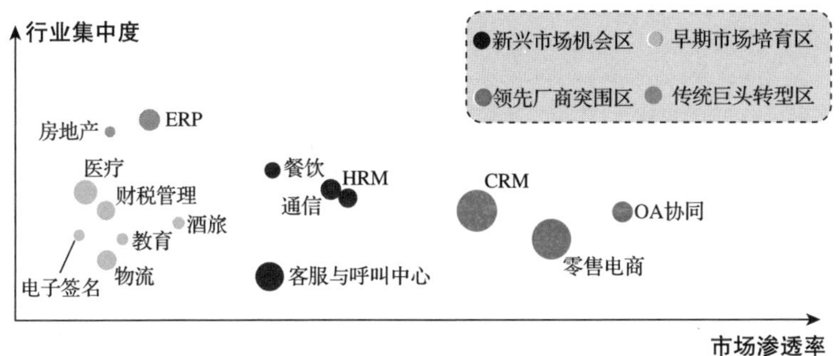

图 2-2　中国企业级 SaaS 细分市场机会

我国每个领域也都有颇具代表性的 SaaS 公司，例如，人力资源领域的北森，CRM 领域的销售易，电子签名领域的 E 签宝，电商领域的有赞。就连最传统的行业都已经出现了提供行业垂直服务的 SaaS 软件厂商，例如，为工厂提供一线生产线员工灵活排班能力的盖雅工场，为财富管理机构或家族办公室提供金融业务服务的Newbanker，供律师事务所使用的智能检索工具无讼。这些都是基于SaaS模式的新探索。

除了企业服务领域，个人生活领域也已经可以看到SaaS的身影。很多饭店可以扫码点餐、扫码结账，顾客看到的是微信小程序，其实背后都藏着一个餐饮SaaS系统。如果是传统模式，饭店想要上线这样一套系统也不具备条件。由此可见，SaaS业务已经无处不在，每个行业都有可以称之为“独角兽”的佼佼者，所提供的服务也已经融入了生活和工作的各个领域。

2.2.2 SaaS模式的3个特点

特点1：租用

SaaS模式的最大特点是可以按需租用（或者叫订阅），而非买断。租用期满后，用户可以自主选择是否要续费。举个例子，以前微软的Office软件就是一次性买断的，购买一个正版授权Key后，就可以一直用下去。但是正版授权很贵，很多人用不起。但是现在不一样了，微软推出了订阅模式的Office 365，用户每年只需要支付一点费用就可以拥有一年的使用权，到期后也可以自由选择是否续费。对于用户来讲，一次性成本和风险都变得很低，而且那么便宜就可以使用正版，为什么还要用盗版呢？

特点2：简单

除了租用这个特点之外，还有一个特点是产品简单，即插即用。厂商已经提供了客户所需要的所有内容，客户只需简单的安装、注册即可使用。就像上面提到的，一个饭店如果需要在线点单、支付系统，无须自备任何 IT 硬件设施，也无须雇佣专业的人才，只需要购买餐饮 SaaS 厂商的软件，在他们的指导下进行简单的初始化，将菜单、价格配置到系统中，然后在桌上放置二维码，一切就完成了。只需一两天，就可以轻松实现饭店的“在线化”。

特点 3：服务

SaaS 的另一个特点就是持续服务，即 SaaS 中后一个 S 的含义。之前的买断方式，风险都在客户方，商家把东西卖给了我，我用得好不好，对我有没有用，我是买来就搁置了，还是一直在使用，这些商家都不会关心，因为钱已经收到了。但是订阅模式不一样，怎么才能牢牢地抓住客户，让他们持续地购买（订阅）服务，能够持续地赚钱，这是厂商要考虑的问题。除了产品本身之外，还要在服务方面持续高质量的输出，提升客户体验，让客户满意，这样才能提高他们继续使用的概率。

2.3　SaaS 现金流的魅力

我们来看一下典型的 SaaS 公司的收入曲线，如图 2-3 所示。

图 2-3 是 SaaS 模式下单客户的典型现金流曲线。因为是订阅模式，所以客户每使用一个月，我们就可以获得一个月的收入。从这个曲线可以看到，对于单个客户来说，最初的一段时间企业都是亏损的，直到一个时间点，比如第 13 个月开始，我们才开始从这个客户身上赚钱。原因很简单，获取该客户，我们花费了很多成本，比如广告投放费用、销售人员的工资和提成等，

但是我们是按照月来收费的，所以一开始收取的费用不足以覆盖获取该客户的成本。

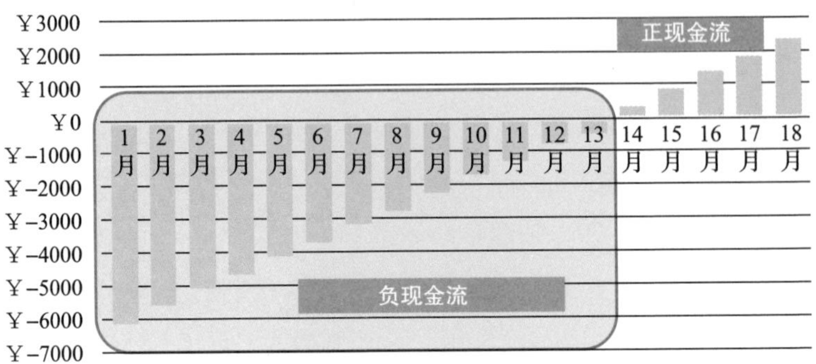

图 2-3　单客户的 SaaS 交易现金流曲线

随着客户持续使用我们的服务或者产品，持续地付费，终有一天会打破盈亏平衡点。图 2-3 中的 13 个月仅仅是个示例，有些公司获客成本低，也许很快就能赚钱，有的公司可能要在客户使用 2 年之后才能开始赚钱。

如果看多个客户组合而成的现金流曲线（见图 2-4），我们发现这个效果会被极速放大。A 曲线代表每个月获得两个新客户，B 曲线代表每个月获得 5 个新客户，C 曲线代表每个月获得 10 个新客户。不管每个月有多少个新客户，我们都可以看到一个共同点：一开始现金流都是负的，经过一段时间后突破盈亏平衡点，现金流变成正数，获利越来越多。这三条曲线告诉我们，每个月获取的客户越多，一开始我们亏损得越多，一旦突破了盈亏平衡点，我们的利润也越高。

通过前面的 SaaS 收入曲线，我们可以得出下面两个结论。

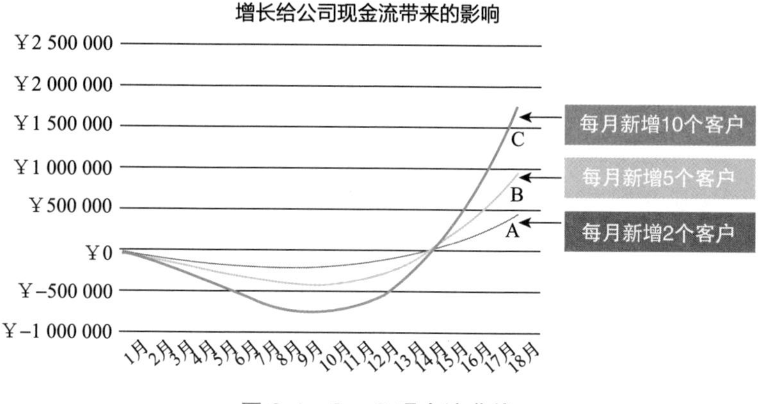

图 2-4　SaaS 现金流曲线

第一，如果客户在盈亏平衡点前流失，那么我们获客越多，亏损速度就越快。并不是我们所想象的，客户越多，公司经营状况越好。由此可见，持续地获客已经不足以保证一个公司存活。

第二，如果公司期望达到可持续盈利或者快速盈利的状态，要做的事情就变得非常明确：想尽一切办法要留住老客户，保证他们在收支平衡点之前不要流失。因此，在 SaaS 模式下，企业管理者的战略重心应该向如何留住老客户的方向倾斜。

2.4　风口上的 SaaS

这几年，SaaS 在投资领域绝对是个风口，很多初创的互联网公司都采用 SaaS 模式，这样比较容易拿到投资，原因显而易见：如果你有能力快速获客，并且有能力将老客户留住，那么将来有一天你的营收曲线就会变得非常陡峭，增速远远高于传统的一次性收费模式。在公司成立的早期，甚至可以做到 300% 以上的年增长率。

36Kr 的“2019 年中国企业级 SaaS 行业研究报告”中的数据显示，2018 年中国企业级 SaaS 市场的规模为 243.5 亿元，较上年增长 47.9%。在经历了短暂的爆发式增长后，SaaS 市场体量快速跃升，年增长率在 2016 至 2017 年间回落明显。进入 2018 年后，资本市场对 SaaS 的态度趋于理性，客户对 SaaS 的认可度进一步提升，同时各细分赛道的领先厂商在商业化上的探索愈发成熟，SaaS 市场的增速再度上扬。预计未来三年内，中国企业级 SaaS 市场将保持 39.0% 的年复合增长率，到 2021 年整体市场规模将达到 654.2 亿元。

相比传统软件，SaaS 软件在简化管理、快速迭代、灵活付费、持续服务等方面的优势在当前竞争环境中愈发突出，因而成为越来越多场景下企业客户的优先选择。2014 年到 2018 年间，中国 SaaS 软件占应用软件的比例由 6.0% 上升到 13.3%，软件 SaaS 化的趋势不可逆转，预计该比例 2021 年将进一步增长至 24.0%。考虑到中国企业的信息化程度与领先国家的差距，企业营业收入中用于 IT 支出的比例每上升万分之一即可释放超过 200 亿元的市场空间，同时企业的 IT 支出结构也在不断优化，应用软件的投入比例将持续上涨。可见，SaaS 的市场潜力远不止于当前的规模，未来的市场空间将非常可观。

从增速上可以完美解释前面所说的，为什么投资人很喜欢

SaaS 公司，而且公司的管理层要在战略上向老客户服务方面倾斜。SaaS 业务的鼻祖 Salesforce 就是凭借不断获取新客以及高达 108% 的老客户续费率，才做成了现在这个 1300 亿美金市值的上市公司。

销售漏斗是一个非常常见的销售预测工具，很多公司的老板用它来预测一段时间内公司的收入情况。之前的销售漏斗是一个漏斗的形状，从上面的获取线索到下面的最终成交，变得越来越小。但是，看完上文你会理解，在 SaaS 模式下，销售漏斗不再是一个常规的漏斗形状，而是变成了一个沙漏的形状，如图 2-5 所示。也就是说，以前的销售漏斗的最后一层不再是最后一层，老客户成交之后并不意味着结束。老客户变得越来越多，老客户持续创造的收入也变得越来越高。正因为漏斗的两端在同时不断变大，所以 SaaS 公司以及整个 SaaS 行业才可以做到高速增长，不断吸引资本投入。

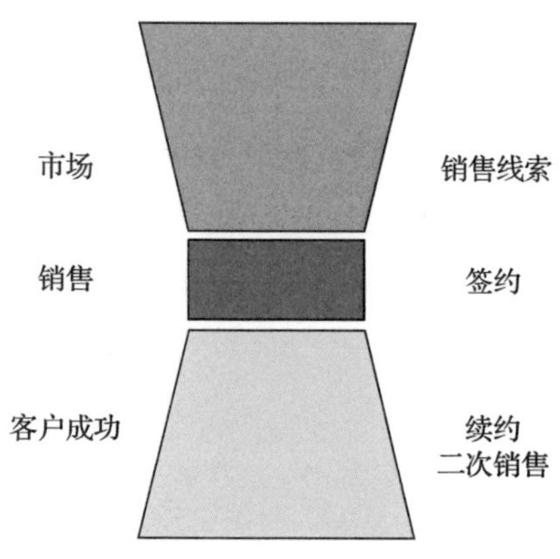

图 2-5　SaaS 模式的销售漏斗

2.5　BaaS，生意就是服务

2.5.1　什么是 BaaS

我们可以将 SaaS 的定义稍微扩展一下，SaaS 模式不一定非要与软件有关，只要是以订阅模式销售自己的产品，都可以认为是一种广义上的 SaaS，或者说 SaaS 只是订阅模式的一个分支。我个人想把这种订阅模式叫作 BaaS（Business as a Service，生意即服务）。

日常生活中越来越多的公司正在通过 BaaS 的方式把自己和客户连接起来，每个人也都明显感受到了商业模式的这种变化。

举例来说，携程是很多人都会使用的出行预定 app。以前我们用携程，是因为上面可以同时定各种航空公司的机票、各种品牌的酒店，并且可以帮我们找到最划算的价格。但是，用户是没有黏性的，如果同样的酒店，其他的平台如同程、艺龙、去哪儿给予更多的优惠，哪怕只是优惠 10 块钱，用户也会选择在另一个平台上预订。

于是，携程做出了改变，推出了超级会员的服务：每年只需要 88 元钱，就可以得到更好的折扣、更多的返现红包以及更高级的服务，例如以最高速率抢春运火车票。这种情况下，用户花钱购买了会员，再去其他平台订票的可能性就小了很多，增加了黏性。同时，他们以更优质的超级会员服务，比如更快的人工响应速度、专属的客户经理等方式，不断加强他们与用户之间的联系，提升服务品质，目的只有一个：把这些会员留下来，并让他们每年续会员。

再举一个例子，我个人特别喜欢的鲜花订阅品牌花点时间。他们通过 BaaS 的模式，把买花这件低频、高金额的事情变成了高频、低金额的消费形态，但是如果按照生命周期来看，实际上每个用户花在上面的钱并不比单次购买时花费的少。客户一个月只需要花很少的钱就可以每周收到一束鲜花，按月支付费用即可。不仅如此，他们还通过公众号把自己和客户连接了起来，教客户如何插花和进行鲜花养护。这么做的目的也和携程一样，把客户更加长久地留下。

2.5.2　BaaS 模式的 4 个特点

特点 1：标准化

产品必须是标准化的，可以批量进行复制式生产。花点时间只提供 4 个系列的鲜花，用户可以从中选择一种进行订阅式购买。这样，他们就不需要为每一个客户定制鲜花的品类和样式，只需要根据订单的数量准备相应的花束即可。

特点 2：简单化

无须复杂的安装和配置等工作，最好是让消费者做到开箱即用。花点时间已经帮我们把鲜花搭配好，我们只需要拆开包装，把花瓶装满水，根据图片中的样式把花插进花瓶，一个漂亮的花束就出现了，不需要复杂的插花、修剪技巧。

特点 3：按需购买

消费者可以按需购买，通常是按使用时长或者是使用数量订购，并持续付费。例如，我们订购的视频网站会员，订购的一个月四束的鲜花，这些都是 BaaS 模式。当购买的数量消费完后，我们根据需要继续订购更多的服务，如果不喜欢则随时放弃下个月的订阅。

特点 4：快速迭代

产品和服务都在不断地更新和进步，从而尽可能地长时间黏住客户。比如，不断地推出新的影片，不断地推出新的花材，都是在不断地改善产品和服务，以达到留住客户的目的。

2.5.3 BaaS 模式的 2 个优点

BaaS 模式为什么会受到客户的追捧呢？

第一，客户风险降低，风险向供应商转移。

因为客户的一次性投入变小了，即便产品真的对他来说毫无价值，损失的也就是第一个月或者第一年的费用，而不是像以前那样的大金额一次性投入。在以前的模式下，客户发现产品没有价值，只能“打掉牙齿往肚子里吞”，只能硬着头皮用，毕竟钱花出去了。但是 BaaS 模式下供应商的风险大了很多，如果客户无法长期留存，从图 2-3 中可以得知，在该客户身上可能反而是赔钱的。因此，对供应商来说，与其“骗”来一个留不住的客户，不如把产品做好，把客户留住。在这种情况下，客户就不用再像过去那样担心“上当受骗”了。

第二，客户购买产品后可以持续获得服务。

在以前的模式下，供应商和客户签完合同，客户付完款，双方的合作基本就结束了。供应商完全可以不用再管客户，因为钱已经收到了。对客户来说，会感觉到明显的落差，但又毫无办法。但是，BaaS 模式不一样，客户付完第一笔款，双方的合作才刚刚开始。供应商会想尽一切办法提升客户的体验和满意度，以达到让客户持续付费的目的。所以，客户不用再担心陷入买完就没人管的境地了。供应商也会为了长期留住客户，更多地听取客户的意见，不断改善服务。供应商和客户的合作关系变成了一种良性循环。

2.5.4　BaaS 模式的 5 个关键指标

无论是 SaaS，还是 BaaS，我们应该通过哪些指标来判断一家公司的经营状况呢？其实在这几年，很多知名的 VC 投资了不少 SaaS 公司，实际上并不懂应该用哪些指标去衡量这些公司的状况。这里涉及的指标非常多，我会带你看几个最常见的（见图 2-6）。需要说明一下，也许指标的名字和其他地方看到的不太一样，但是意思是一样的。

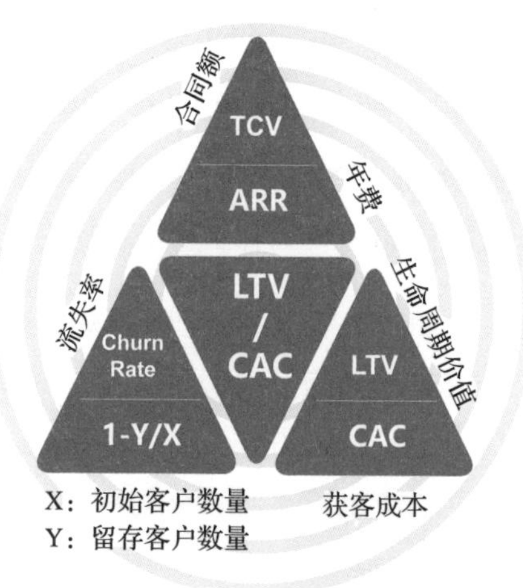

图 2-6　BaaS 的 5 大关键指标

1. TCV（合同额）

SaaS 模式的销售额是否重要呢？

答案是肯定的。

销售额一定程度上代表了公司的“造血”能力。在 BaaS 模式下，销售额通常被叫作 Booking Revenue 或者 Total Contract Value（TCV），也就是合同收入。但是，合同收入并不是真实收入。根据财务规则，客户要使用了才能确认收入，即便客户和你签了 1 年或 2 年甚至 5 年的合同，仍然是根据使用按月付费的。因为客户在使用中途完全有退费或者是不再继续缴费的可能，尽管你们签署的合同未到期。所以，这个指标可以作为一个参考指标，但并非最核心的指标。

2. ARR（年费）

衡量收入的核心指标是什么呢？

是年费（Annual Recurring Revenue，ARR）。

这很好理解，如果一个客户的 TCV 是 5000 万，合同期限是 5 年，则 ARR 就是 1000 万。为什么这个指标更重要呢？

假如有两家公司，公司 A 的 TCV 是 5000 万，合同期限 5 年；公司 B 的 ARR 是 2000 万。你觉得哪个公司做得更好？如果单纯看数字，5000 万比 2000 万好，但是在 BaaS 业务模式下，A 公司一年的收入只有 1000 万，而 B 公司一年的收入是 2000 万。第二年 A 公司的总收入是 2000 万，而 B 公司如果顺利续约，收入会达到 4000 万。B 公司的年收入一直是 A 公司的 2 倍。随着时间的推移，它们的收入差距会越来越大。

所以，如果看收入，一定要看 ARR。国外有的公司是按月收费的，那么看的就是 MRR，即月费。

3. LTV（生命周期价值）

另一个核心指标是生命周期价值（Life Time Value，LTV），这个指标是指客户从开始与你合作到终止合作的整个生命周期过程中为公司带来的价值和收入。例如，一个客户和公司 A 签约一年，合同额为 1000 万；第二年续约，合同额涨到 1200 万；第三年又续约，合同额涨到 1500 万。如果第三年结束后，客户不再续约，那么这个客户的 LTV 就是 3700 万。有些公司会把客户的生命周期价值考虑得更加丰富，如果该客户给公司介绍了新客户，则新客户带来的收入也会被计入该客户的 LTV 中。所以，我们在衡量一个客户对公司是否重要的时候，也不能简单地看 TCV，更要看 ARR 和 LTV。

4. CAC（获客成本）

前面提到，公司在新客户身上一开始是亏钱的，现金流是负值，这是什么原因呢？这时候就要看另一个指标——获客成本（Customer Acquisition Cost，CAC）。这里的获客成本是指获取一个成交客户的成本，包括市场营销费用、销售人员的工资和提成等一些必要的销售投入成本。

回想前面的现金流曲线图，我们可以很容易理解什么是收支平衡点：CAC = LTV。但是，做到这样还远远不够，因为公司还有研发投入和固定成本。所以，行业通常认为，当 LTV>3CAC 的时候，也就是客户带来的生命周期价值大于 3 倍的获客成本时，公司的业务处在一个非常健康的水平，也就意味着公司的业务经过了市场验证，可以继续扩张。

5. Churn Rate（流失率）

BaaS 模式也是订阅方式，所以一定会伴随着客户的流失。Churn Rate 代表客户流失率，即某个时间周期内，开始时的客户数量与结束时的客户数量的差值，再除以开始时的客户数量，得出客户流失的比例。假设我们以年为计算周期，年初时统计客户数量为 X，年终时统计同一批次客户数量为 Y。注意，Y 不包含年初统计后新加入的客户，公式如下。

$$\text{Churn Rate} = (X - Y) / X$$

客户的流失率过高，会直接导致 LTV 过小，无法支撑公司的运转成本，导致公司无法进入收入的上升曲线。因此，将流失率控制在一个较低的水平，提升 LTV 是 BaaS 公司实现总体业绩快速增长的保障。

公式中 Y/X 也被称为“续约率”。有些公司不以客户数量计算，而以金额为计算维度，年初时统计客户 ARR 总金额为 X，年终时统计同一批次客户续约后的 ARR 总金额为 Y，此时的 Y/X 也被称为“续费率”。二者最大的差异是，续约率最高为 100%，但续费率可以超过 100%，因为这些客户在年中会因为二次消费而导致续约时年费增加。例如 Salesforce 的财报中，续费率为 108%。所以客户数量的 Churn Rate 一定大于等于 0，而金额的 Churn Rate 有可能为负数。

简单来看，要判断一家订阅模式公司业务好坏，重点关注 LTV/CAC 的结果即可。

2.6　SaaS 商业模式的演化

SaaS 模式在中国已经有了近十年的历史，期间不断的演变，也同时带来了客户成功的演变。客户对 SaaS 的态度和要求，从"不太接受"，到"逐渐接受"，再到"个性定制"，到现在常见的"专业部署 & 私有部署"。

SaaS 在中国出现的早期阶段，虽然当时的美国市场已经很成熟，但是我国的多数客户仍然持怀疑态度。大家普遍担心："我的数据放在你的服务器上，你如果拿这些数据去赚钱怎么办?"因此，很多人不愿意选择 SaaS 厂商的产品，而且当时的 SaaS 企业都是一些创业公司，并非知名品牌，大多数客户仍然会选择知名品牌的传统软件。此时，因为客户并不多，大客户更少，所以很多公司不重视客户成功，更多的是把客户成功和售后服务画了等号。

随着全球 SaaS 独角兽企业不断涌现，以及市场不断地被教育和验证，很多客户逐渐接受了这种公有云的模式，而且看到了公有云模式所带来的高效和低投入。市面上可以选择的 SaaS 厂商也越来越多。客户成功也逐渐被重视起来，客户成功所带来的老客户的增购和续约收入，逐渐占据了 SaaS 公司收入的大部分。随着客户成功对客户的深入了解，SaaS 的另一个弊病逐渐暴露：

标准化软件无法满足一些行业或者大客户的个性化需求。

SaaS 厂商通过提升自己产品的可扩展能力来满足更多的个性化需求，方式包括开放 API 接口、平台能力 PaaS 化、接入 ISV，等等。客户成功除了需要了解本公司的产品之外，能够为客户提供整合的解决方案和设计整体 IT 架构，也成为他们服务大客户时工作中的重要部分。不过，在特定的客户和行业，公有云的数据安全仍然是无法绕开的话题。

“专有部署”和“私有部署”成为一些 SaaS 厂商保障客户数据安全的解决方案。将某些客户的服务单独部署或者直接部署在客户自己的机房中，与其他客户的数据进行隔离，从而进一步提升数据安全性。对于客户成功来讲，与客户的 IT 部门的接触会变得比以往更频繁，软件的部署、带宽的设置等都需要和客户的 IT 部门共同设计和规划。可见，随着 SaaS 不断发展，客户成功的重要性和复杂度都在不断增加。

第3章 CHAPTER 认识客户成功

可能很多人会好奇：客户成功这个岗位是如何诞生的？它与客户服务有什么不同？如何才能胜任这个岗位？这个岗位的职业规划如何做？……这些问题都可以在本章找到答案。

本章将系统介绍客户成功这个岗位的本质、角色、能力模型、职业路线等内容，还会分享我在日常工作中总结的一些优秀客户成功经理具备的特质和工作小技巧。

3.1 客户成功的诞生

SaaS 还未出现时，一家叫作 Vantive 的 CRM 公司在 1996 年就成立了客户成功团队。2005 年，SaaS 模式的 Salesforce 公司建立了当时业内规模最大的客户成功部门，并将其发扬光大，成为行业标配。

在 SaaS 模式出现以前，传统软件公司主要以每年收取一定比例维护费用的方式来持续从老客户那里获利。这样会带来两个明显的问题：第一，从长期看，企业增长乏力；第二，客户满意度不高。

首先，在传统商业模式下，B2B 产品的销售成本非常高，主要是因为销售人员工资较高、平均销售周期长、市场投入费用大，等等。虽然单笔交易的金额很大，但是毛利率并不高。随着市场逐渐饱和，新客户的获取变得越来越困难，单个新客户的获取成本也变得越来越高。而老客户的贡献非常有限，因为老客户只是每年缴纳一定比例的软件维护费用，比例大约是之前合同金额的 10%～20%。所以，公司要持续增长，主要依赖于新客户的获取。如果老客户的系统运行比较稳定，客户自有的 IT 团队可以自行维护，那么维护费用也很难收取。因此，我们看到近几年很多大型传统软件公司增速放缓，甚至负增长。

其次，在传统的 B2B 商业模式下，即便软件厂商收取了老客户的软件维护费，而且有技术支持团队按照合同约定提供相应的支持服务，但也只是解决客户遇到的产品问题和操作问题，或者是帮助客户进行软件版本的升级等。客户是否在顺畅地使用产品，产品是否给客户带来了价值，并不是技术支持团队服务的范围。如果产品效果未达到客户购买时的预期，客户也无法获得相应的指导，那么客户很可能会弃用产品，甚至会觉得上当受骗。这些都导致客户满意度很低，一旦找到合适的替代品，客户就会立刻切换到其他产品，不会再继续购买原来的产品和服务，公司也就彻底失去了该客户。

Salesforce 成立之初提出的口号就是“去软件化”，由此开创了 SaaS 模式。同时提出的客户成功的理念，很好地解决了上述老客户的问题，并取得了以下成果。

（1）长期增长速度加快

因为 SaaS 公司采用订阅模式，客户一次性付出的成本较低，客户的决策周期被大大缩短，所以对销售人员来讲是件好事。同时，看似第一次购买的费用不高，但并不意味着客单价降低了。因为随着客户不断续约，该客户的生命周期价值会逐渐超过传统模式下他一次性付出的费用，而且费用会随着使用年限增长不断增加。当 SaaS 公司的客户量积累到一定程度的时候，即便市场饱和，每年从老客户身上收取的费用也不会低于前一年的总收入。因此，长期来看，SaaS 公司在新客户和老客户双收入引擎的驱动下，可以一直保持高速增长。

（2）客户满意度有保障

SaaS 公司要长期保持高速增长，有一个必备前提：老客户留下来并持续购买。这就意味着，产品必须给客户带去价值，并且要让客户实实在在地感知到价值。客户成功团队成功地肩负起了这个重担。Salesforce 的客户成功通过持续地关注客户的使用数据并主动提出改进建议，持续地为客户传递产品与工作相结合的最佳实践，持续地帮助客户设定更高的业务目标并带领客户达成目标，这一系列的服务都让客户真真切切地感受到了产品带来的价值以及主动服务带来的体验提升，从而维持了客户的高满意度和高留存率。

因为 Salesforce 取得了巨大的成功，所以其他软件厂商纷纷效仿，从商业模式到组织架构，全面学习 Salesforce，客户成功就此成为 SaaS 公司的标配。

与此同时，我们发现一个有趣的现象：有的公司干脆把售后服务部直接换了个名字，叫作客户成功部，售后服务人员的职称也从客服变成了客户成功经理。其实，这些人并不是真正的客户成功，改名并不意味着改变了工作方式。除了认识名字，我们更需要认识客户成功的内涵。

3.2 客户成功的工作内容和方式

我们知道，几乎所有 B2B 公司都有一个售后服务部或客户服务部。他们的日常工作就是处理用户遇到的问题或者用户的投诉。其实，SaaS 公司也有客服部门，为什么在已经拥有客服人员的情况下，还要再设置客户成功这样一个岗位呢？

因为客户成功和客服有着极大的差别，主要体现在两方面：日常工作的内容和工作方式。

3.2.1 客户成功 vs 客服：工作内容的差异

客服的日常工作面向的是产品层面的问题，解决的通常都是产品相关的问题。客户购买产品以后，不知道该如何使用产品，或者是产品出现故障，又或者是想退换货的情形下，会需要客服来帮助解决这些问题。所以，客服人员需要非常了解公司的产品，也需要非常了解各种问题（包括投诉）的处理流程，需要及时回应客户的问题。当问题解决后，客服的工作也就完成了。通常，还需客户对他们的工作进行满意度评价。因此，快速、准确地解决产品问题，是客服的日常工作内容。

而客户成功面向的问题就不局限于产品这个层面，客户成功的日常工作不仅要关注客户的业务，还要关注客户的使用体验，产品仅仅是帮助客户完成业务的手段。客户成功的目标是把老客户留住，因此需要全方位地帮助客户，提升客户体验。解决客户有关产品使用的问题，在他们的工作中可能只占很小一部分，甚至这都不应该在客户成功的工作职责范围内。

客户成功需要了解客户购买的初衷和诉求，熟悉客户的业务，然后通过持续地为该客户提供解决方案和服务来不断地满足客户的诉求，以达到甚至超出客户的预期。客户成功还需要全面地了解客户在使用产品时的感受和体验，并不断地协调公司的各种资源去帮助客户全方位提升用户体验。对于传统的客服来说，他们是完全不需要做这些工作的。

3.2.2　客户成功 vs 客服：工作方式的差异

客服是典型的被动式服务。我大学毕业后的第一份工作是在华为担任全球技术支持工程师，当时的日常工作就是提供客户服务，解决华为的海外运营商客户遇到的软件问题。当客户遇到问题时，他们会拨打 800 客服电话或者在网上提交求助申请，我就负责接听客服电话或者“接单”，除了解决问题外，其他时间都在等待。

无论哪种客户服务方式，例如，回复客户邮件、接听客户电话或者在线解答客户问题等，都是在客户有问题找过来的时候，客服才及时予以处理。但是，客服不会主动去找客户，不会主动去了解客户在使用过程中是否遇到了问题。所以，极端的情况是，如果你们公司的产品毫无问题，客服可能就无事可做。

但是，客户成功的工作方式完全不是这样，客户成功是一个主动服务的角色，需要主动想客户之所想，急客户之所急。作为客户成功，当你发现客户在他们公司内部推广你的产品遇到阻碍时，你需要帮助他找到有效的推广方法；当客户在使用产品的过程中发现产品不能完全满足他的诉求时，你需要调整你的解决方案，或者是把信息传递给产品部门来引导产品功能升级，从而满足客服的诉求；当客户不清楚你的产品到底能给他带来什么收益的时候，你需要通过数据来帮助客户了解收益。

所以，客户成功需要主动发现问题，并持续不断地为客户提供全方位服务，最终帮助客户解决业务或是体验上的问题。

3.3 客户成功的角色

客户成功不是客服，那客户成功扮演的角色是什么呢？我们可以从企业内部和外部两个视角去审视客户成功这个角色。

3.3.1 在企业内部扮演的 2 种角色

在企业内部，从企业视角看，客户成功主要扮演着 2 种角色。

角色 1：收入的承担者

客户成功在企业内部扮演的第一个角色是收入的承担者，销售人员要对新签约客户的收入负责，客户成功要对老客户的留存和后续的持续收入负责。老客户的持续收入包含续费和二次消费，留存就意味着续费。同时，由于客户成功与客户接触得较深，能挖掘出客户更多的业务诉求，因此有机会帮助公司卖出更多的产品和服务，从而在老客户身上挖掘出更多的价值，为公司带来更多的持续收入。

与此同时，如果老客户的满意度较高，极有可能推荐朋友成为我们的客户，这也可以认为是老客户为公司带来的收入。所以，在国外的 SaaS 行业有种说法，公司就像是一个部落，大家会把销售人员称为“猎人”，销售人员是打猎的，需要在大森林里不断找寻更多的猎物。同时，把客户成功称为“农夫”，他们需要将猎人们带回来的猎物圈养起来，让它们成长和繁衍，从而保证整个部落的人有源源不断的肉可以吃。

角色 2：产品改进的推动者

客户成功在企业内部扮演的第二个角色是产品改进的推动者。产品是否有价值，完全取决于它是否能够解决客户的问题。任何公司都不应该闭门造车，产品部门需要了解客户的真实需求，并据此生产出可以满足需求的产品。

那么客户的真实需求从哪里来呢？

一部分从新客户中来，还有非常大的一部分从老客户中来。很多公司会鼓励产品研发团队参与到客户的拜访和需求调研中去，这是一种很好的方式。但是，更多的情况是，产品研发团队无法接触到客户，这时与客户接触较多的客户成功团队就能发挥重要的作用。因此，客户成功团队收集的客户需求可以极大地帮助产品部门了解客户的真实需求和痛点，从而指引产品的下一步发展方向。这一点会在后面的章节有更加详细的解释。

3.3.2 在企业外部扮演的 3 种角色

在企业外部，从客户视角看，客户成功扮演着 3 种角色。

角色 1：客户可以信赖的顾问

什么是顾问？

很多人说顾问就是被雇来解决问题的人。顾问需要非常了解客户，了解客户的工作内容、业务模式，以及客户在工作中会遇到的问题，基于对以上内容的了解和个人的专业能力，为客户提出有效的解决方案。

客户成功其实就是顾问，他们的差别是，顾问交付的成果是一份报告或一份 PPT，客户成功交付的是解决方案，要解决客户的业务问题。

交付解决方案需要完成 3 个步骤：了解客户问题，分析客户现状，给出改进方案。

以 Salesforce 的客户成功为例，我们来看他们是如何交付解决方案的。

第一步，了解客户问题。他们会询问客户需要通过 CRM 软件解决什么类型的销售管理问题，例如销售线索转化率低的问题、销售过程不透明的问题、销售人员撞单的问题，等等。有时候，客户不一定能够很清楚地描述自己遇到的问题，但是客户可以很清楚地提出希望达成的结果。客户成功会根据客户期望达成的结果推理出客户遇到的问题。

第二步，分析客户现状。明确问题之后，Salesforce 的客户成功会通过详细调研的方式了解客户的现状，从而找到问题的根本原因。销售线索转化率低是哪个环节造成的？销售人员会出现撞单是不是因为客户报备机制有问题呢？有时候，问题并不是孤立存在的，而是关联存在的，需要通过相关数据对客户的现状进行详细分析，最终找到导致问题出现的一个或者多个原因。

第三步：给出改进方案。最后，客户成功会基于 Salesforce 系统的能力，有针对性地给出改进方案。例如，将销售线索转化过程变得可视化，使每个环节的转化率一目了然；通过客户查重功能解决客户撞单问题；等等。

通过以上 3 个步骤解决客户的问题，这就是典型的客户成功的工作方式。

角色 2：布道者

其实，产品不应该只是简单地为客户提供一些功能，而是应该将产品设计者的工作理念和方法论融入产品之中。客户成功通过专业和主动的服务，持续地推动自己公司的产品或者服务在客户的公司里深度使用，本质是让客户的全体成员能够理解并且接受我们带给他们的理念和价值主张，并感知到这些给他们的工作带来的变化，从而发自内心认可我们的产品和服务。很多公司通过客户成功服务，把客户变成了自己公司的“粉丝”，处处主动宣传我们产品传递出的价值理念和工作方式。这些公司的客户成功就像是“布道者”，把理念传递了出去，并得到了更广泛的传播。

角色 3：客户与公司之间传递信息的桥梁

客户成功需要与客户的关键决策者保持良好的沟通，与客户的其他人员保持有效的接触，随时随地将决策者和普通员工的反馈传递给公司，帮助公司了解客户的需求和感受，从而有的放矢地提升客户的用户体验。

同时，在现在的商业环境下，客户的业务和诉求都在不断变化和发展，作为产品提供商，“听”到了客户的诉求后，公司的产品或者服务也应该随之不断地迭代和改进。客户成功也需要及时地根据客户的境遇和诉求，把产品最新的、最能匹配客户的功能和解决方案及时地传递给客户，让客户能够真实地了解到我们的产品和服务在持续地提升。

3.4 客户成功的本质：要做对 3 件事

通过以上内容，我们可以总结一下客户成功这个岗位的本质：帮助客户取得业务上的成功，在帮助客户取得成功的同时自己也同样取得成功，即自己和客户同时成功。

我们自己的成功建立在让客户取得成功的基础之上，客户感受到了成功，我们自然会得到相应的回报。那么，如何才算帮助客户取得了成功呢？

客户成功领域流传着这样一个说法："客户购买的不是科技，而是解决方案。"无论客户购买的是什么软件，PC 端的也好，移动端的也罢，其实购买的都是技术。其实，帮助客户取得成功的不是技术，检验客户是否取得成功的唯一标准是客户的问题是否被解决，是否达到了客户的预期。

我们进一步思考，如何才能帮助客户取得成功呢？

要想帮助客户取得成功，客户成功团队需要做对以下 3 件事。

1. 了解客户的目标，即客户的购买诉求

前面反复提到，在 B2C 或者 B2B 业务中，每个客户都有不同的购买诉求，客户成功一定要了解这个诉求，并且将客户的诉求转化成可以量化的目标。同时，可能还需要通过调动其他资源（公司内部资源或外部资源），再结合自己的产品或者服务来帮助客户实现购买诉求，以达到客户期望的目标。

例如，客户的诉求是想降低公司的运营成本，你需要和客户一起将诉求转化为可以量化的目标，并使目标灵活：一年之内，成本降低到多少（具体数值）。在客户使用我们软件一年之后，我们和客户一起来看成本是否降到了预期，这样才能衡量出是否真的让客户取得了成功。

如果不了解客户的目标，或者目标制定得不够合理，再殷

勤的服务也都是无效的，没有成果的服务并不会让客户感受到成功。

2. 不断地总结、提炼并向客户传递最佳实践

客户成功是接触客户真实痛点和业务场景最多的角色。尽管销售也会不断地接触客户，但只有客户成功会在客户不断使用产品的过程中与客户不断磨合和沟通，想尽一切办法帮助客户解决问题。在这个过程中，客户成功会积累较多的实践经验和成功案例，我们把它们称之为最佳实践。

最佳实践对于销售打单和客户学习都有重要的借鉴意义。每个行业针对通用的问题都会有最佳实践，通过对最佳实践的解读，帮助客户更快地了解同行业中其他客户在类似问题上的解决方案，从而快速地学习并加以复制，以解决自身的问题。

3. 足够主动

客户成功需要主动地为客户提供服务，这个主动并不仅是指态度积极，而且还需要通过细致的观察和足够的敏感度，不断地主动发现新问题，帮助客户达成新目标。客户在购买产品时对结果是有一定期望的，经过一段时间的使用，当客户最初的购买诉求被满足后，随着工作职能的变化或者公司业务模式的转变，客户的诉求也会随之而发生变化。此时，客户成功需要敏感地捕捉到这一点，并为客户提供延续性的解决方案，帮助客户完成新的目标，这样客户才会持续地购买我们的产品，产品的黏性不断增加，客户也会越来越信任我们。

主动让客户持续地感受到成功，客户成功的工作也就更加成功。

3.5　客户成功需要具备的 6 个条件

了解了客户成功角色和本质之后，接下来需要了解的问题是：什么样的人适合做客户成功呢？

从我这几年不断面试、招聘和优化团队的实践经验来看，我个人认为具有以下条件的人更适合做客户成功。当然，我并不是说不具备以下这些条件的人做客户成功一定会做得很差。

1. 人际交往的耐心

客户成功是一个直接面向客户的岗位，耐心显得非常重要。我在以前的工作中经常会遇到这样的情况：

客户经常联系不上，打电话没有人接听，于是就改为发短信或者邮件；

去拜访客户，客户可能在开会，我需要在门外等两三个小时；

……

在工作中我发现，客户水平参差不齐，有些客户培训多次还是学不会，不断地问我同样的问题。我需要有足够的耐心，不断地想办法让他学会，反复地指导他。而且客户成功是一个慢慢出成绩的工作，客户续约通常发生在一年甚至两三年之后。在客户续约前的很长时间内，我们通过不断地为客户提供服务，使客户的黏性和满意度逐步上升，为将来的成功续约打下坚实的基础。所以，在整个这个过程中，我们需要有足够的耐心。

2. 要理性而非感性

很多人觉得面向客户的岗位一定要感性，要有同理心，要能与客户共情。其实，理性反而能做得更好。

为什么要理性？

因为很可能遇到出言不逊或者是态度不够友好的客户，但我们作为服务方或者解决方案的提供者，一定不能够感情用事，而是要了解客户现在所处的状态，用理性的方式判断客户的真实诉求，继续为客户提供优质服务。

客户是否信任我们的公司和产品，也不能完全基于感性去判断。比如，客户经常和我们一起喝咖啡，不意味着客户就喜欢我们的产品，也不意味着客户就一定会续约。我们的判断还需要理性地结合真实的数据，比如客户在我们的产品上的使用频率和深度，产品带来的实际结果与客户的期望数据的对比，等等，数据的理性分析能为我们下一步的工作指引方向。

3. 具有影响力

这一点对于客户成功来讲尤其重要。

客户成功需要让客户信赖，需要通过自己的专业性让客户了解到，你提供的解决方案是很好的解决方案，但这仅仅只是开始。更重要的是，客户成功需要能够影响到关键角色，并且促使他们有意愿将此解决方案在全公司内推广。

如果客户成功不具备影响客户的能力，那么是很难做到这一点的。接下来还需要进一步发挥影响力，让所有的用户接受并愿意改变原有的工作方式，逐渐地把专业的解决方案渗透到客户组织内部，从而发挥解决方案的最大效能。

4. 充满热情

充满热情体现在两方面：对工作和对客户。

对工作充满热情，才会真正地把客户的成功当成自己的成功，才会愿意从各个角度去帮助客户，在帮助客户的过程中得到满足感和成就感。

对客户充满热情，才会乐意去接触客户方的不同角色，才会愿意与客户进行深入的沟通，去了解客户的方方面面。有些客户成功特别喜欢拜访客户，路过客户办公室的时候也会顺便上去打个招呼，这都是对客户热情的体现。

5. 喜欢协作

客户成功是一个对协作精神要求极高的岗位，因为孤军奋战是无法真正给客户带去成功的。

帮助客户的过程就是与客户协作的过程，和客户一起想办法将解决方案应用到实际工作场景中，与客户一起不断地去解决他们的问题。这不仅仅是我们指导客户的过程，也是客户自身认可和下决心改变工作方式的协作过程。

除了与客户协作，还需要与公司内部的很多其他部门协作。例如，与产品部门沟通客户的需求，与销售的同事沟通客户的情况和客户购买的背景，与技术支持部门沟通客户最近会经常问到的问题，以及客户是否有负面反馈，等等。客户成功作为中心把多个部门连接起来，在这些部门中形成一个良好的协作氛围，从而通过改善产品、提升支持力度等方式，全方位帮助客户解决问题，提升客户体验，实现客户的成功。

6. 强烈的学习欲望

客户成功如果想成为让客户信任的顾问，需要了解客户的行业、客户的业务以及客户在日常工作中面临的各种问题，这些都需要通过学习不断地积累。

唯一不变的就是变化，随着科技的发展，客户的业务模式也在不断地发生变化。并且随着市场环境的变化，需要主动研究大环境和客户业务的关系，从而推测出客户的业务可能会随之发生的变化。同时，公司的产品也在不断迭代和升级，一旦公司的产品发生变化，提供的解决方案也会随之变化。因此，不管是客户的业务还是公司的产品，我们都需要持续不断地学习。

从以上 6 点可以看出，客户成功是需要不断与客户接触的角色，因此人际交往、主动学习、善于协作等方面有突出优势的人，会更加适合这个岗位。

3.6 客户成功需要掌握的 5 个技能

前面提到的 6 个条件，更像是性格的一部分，不太容易后天培养。除此之外，客户成功还需要具备以下 5 个可以通过培训习得的技能（见图 3-1），这些都是合格的客户成功人员必备的技能。

沟通技能	演讲技能	价值输出	商业敏感度	商务谈判
· 外部沟通 · 内部沟通	· 高层宣讲 · 内部分享	· 理解价值 · 简化输出	· 人际关系 · 行业变化	· 价格谈判 · 利益争取

图 3-1　客户成功必须掌握的 5 个技能

1. 良好的沟通技能

在团队外部，客户成功的工作直接面向客户，每天主要就是与客户交流，所以客户成功必须要具备良好的沟通技能。与客户沟通的尺度、火候都需要拿捏得很好，既不能因为我们是服务方就低声下气，又不应该因为我们具备专业知识就对客户颐指气使。

在团队内部，客户成功需要协调好各方关系，让销售团队、产品团队等都愿意帮助我们，任何一个环节的有效沟通都有可能给客户体验带来快速的改善，从而取得更好的效果。

2. 良好的演讲技能

客户成功需要经常给客户做产品培训，或者面向客户高层做宣讲，因此需要具备良好的演讲技能。每次培训时，良好的演讲技能、生动的培训方式才能全程抓住客户的注意力。面向客户高层的宣讲更需要技巧，因为他们的时间很宝贵，能留给你的可能只有 15～30 分钟，因此我们必须重点突出、逻辑清晰地把信息传递给高层。

同时，为了让公司内的销售团队、产品团队更加了解客户的真实情况，需要经常组织内部的案例分享。这也需要客户成功具备良好的演讲技能，而不是简单地把 PPT 上面的内容念给大家听。

3. 良好的价值输出能力

客户成功不仅要让客户的决策者认可产品的价值，还要让客户的所有使用者也能够感知到产品给他们带去的价值。因此，客户成功不仅要自己理解其中的价值，而且需要具备良好的价值输出能力，将价值传递给所有的使用者。

什么是价值输出能力呢？

为了帮助大家理解，我举一个日常生活中的例子。汽车有一个系统叫 ABS，即防抱死系统。如果我们不知道这是什么，不会觉得这个功能有多重要，一般不会额外花钱进行升级。一个好的销售经理会告诉客户："在我们北方，冬天经常会遇到雨雪天气，遇到紧急情况需要急刹车的时候，很容易出现侧滑。如果汽车有这个 ABS 系统，就能防止侧滑，让你和你的家人更安全。"销售人员这么一说，你觉得自己需要这个功能吗？当然需要。

这就是产品价值输出能力。

4. 良好的商业敏感度

一方面，客户成功的主要工作是与人沟通，因此人际关系很重要。我们可能需要与客户方的很多人接触，在我们接触的这么多人中，谁是真正说了算的，谁可能会影响他的决策，谁是我们的支持者，谁是反对者，都需要能够清晰地判断出来。在这些人里面，当有人升职或者离职时，会对我们的项目产生正面影响还是负面影响，也需要有清晰的预判。这通常是销售人员应该具有的商业敏感度，客户成功同样也需要。

另一方面，行业的变化或者技术的变化是否会影响到我们的客户，我们也需要足够敏感。比如，P2P 行业受到国家政策影响，导致很多不合规的 P2P 公司的业务出现问题，这种情况下会对我们 P2P 行业的客户带来什么影响，我们也需要能够敏感地捕捉到。我们需要预判这些客户是否会因此有流失风险，同时要考虑如何帮助客户实现业务转型。

5. 良好的商务谈判能力

客户成功团队需要负责客户续约和客户的二次购买，承担面向老客户的销售任务，因此也会需要与客户就价格、合同条款等内容进行谈判，以便同时帮助客户和公司争取到最大的利益。谈判不是一味地退让，是需要平衡各方利益。例如，客户希望价格降低，我们则借此争取借助客户品牌进行宣传，让双方各取所需。

以上 5 个能力中，商务谈判能力是比较容易被忽略的。

3.7　优秀客户成功的 4 个特质

与普通的客户成功相比，优秀的客户成功具备以下 4 个特质（见图 3-2）。

1. 优秀的客户成功是沉淀出来的

优秀的客户成功需要具备丰富的行业知识沉淀。

例如，如果我们负责的客户来自金融行业，那么我们需要做到以下几点：了解金融行业的专有名词，能够和客户无障碍沟通专业问题；了解金融行业中各个层级的角色在工作中会遇到的问题；能够根据自己的积累输出与客户相匹配的最佳解决方案，帮助他们完成工作。

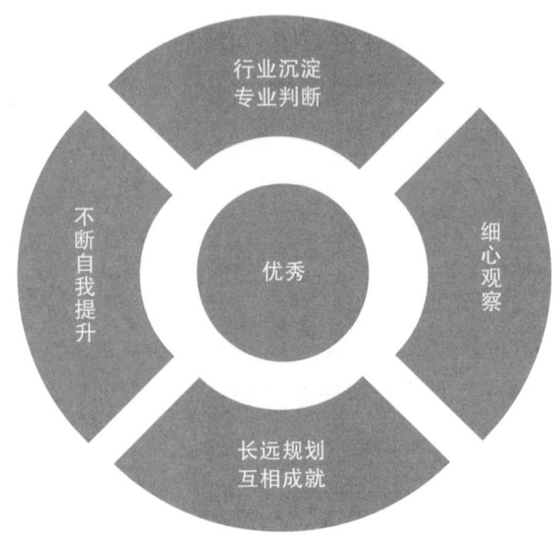

图 3-2　优秀客户成功的 4 个特质

最终让客户为解决方案买单，这一定要得到客户高层认可。因此，只有足够的积累，才能够与客户高层平等对话，才能够输出高层想要的、战略层面的建议，而不仅仅是产品使用方面的建议。更理想的情况是，通过阅读大量的相关书籍、新闻以及行业内的深度文章等，使得自己能够对行业的发展做出专业的判断，能够和客户一起规划和调整业务方向。做到这些后，客户一定会视你为专家。

2. 优秀的客户成功是非常细心的

优秀的客户成功会通过日常的细心观察和了解来增加对客户

的熟悉度。只有你对客户非常熟悉，客户才有可能更信任你。

例如，你的客户是一家创业公司，你需要了解客户最新的融资状况等，从而预判客户未来的业务发展态势。又例如，你的客户是某个行业的新玩家，但是在你服务的这一年里，它逐渐成为这个行业的领头羊，你的服务方式也需要发生相应的变化。这些都需要你不断地观察、了解行业的发展动态。

除此之外，还需要了解客户决策人的最新动态，因为决策人的任何变化都可能给我们带来致命的影响。所以，你可以通过微信的朋友圈、LinkedIn 之类的社交软件关注他们的动态，看是否有职业变动等。

另外，只要是你接触过的人，每次见面都要能够准确地叫出对方的名字，对方对你的好感度也会提升。这些都是对客户熟悉的体现，随着熟悉度的提升，信任度也会随之提升。

3. 优秀的客户成功是不断自我提升的

优秀的客户成功除了需要对自己的产品和解决方案非常熟悉之外，还需要不断地了解和研究竞争对手，了解市场的竞争情况。所谓“知己知彼，百战不殆”。在服务客户的过程中一定要意识到一点：你的竞争对手会持续不断地去接触你的客户，想要从你的手中“撬”走这个客户。

作为一个优秀的客户成功，你一定要能够清晰地告诉你的客户，你的解决方案和竞争对手的解决方案相比有什么差异，你的解决方案会在什么情况下优于你的竞争对手，从而坚定客户与你站在一起的决心。与此同时，通过研究竞争对手的方案和打法，吸收其中的精华来提升自己，你交付的解决方案就一定会优于那些只关注自己产品的竞争对手。

4. 优秀的客户成功是眼光长远的

优秀的客户成功会帮助客户一起规划接下来一年的工作，让客户知道如何与我们配合才能更好地实现他们的诉求、解决他们的痛点。普通的客户成功可能会持续不断地去拜访客户，但是每次拜访可能都是临时邀约，而且每次拜访的主题与上一次的主题没有关联，客户也不清楚此次拜访的目的和需要讨论的内容。

但是，优秀的客户成功会将所有主题和所有需要客户配合的工作做一个一整年的规划，让客户提前知道，在接下来的一年里，双方应该如何配合才能够更好地实现业务目标。这样，在接下来的一年里，双方的配合才会更有目标，才会更加清晰和顺畅。每个关键节点的任务完成，也会让双方都拥有成就感。双方的关系也会逐渐从雇佣关系变成搭档关系。

3.8 客户成功的 3 个小技巧

在过去 6 年多的客户成功生涯中，我总结了一些小技巧，其中有 3 个小技巧我认为比较通用和实用，如图 3-3 所示。

1. 提前为每次拜访打好伏笔

很多客户成功会感到困扰，想去拜访客户，但经常约不到，更没有办法约到企业的决策者。而优秀的客户成功会在每次拜访结束时就与客户提前约好下一次的拜访时间。

图 3-3　客户成功的 3 个小技巧

举个例子，我今天拜访了某个客户的高层领导，在离开的时候我会告诉他："下个月 1 号我们公司的产品会有新版本发布。等产品的新版本发布后，我可以在 2 号或者 3 号再来贵司拜访，给你们介绍新版本的产品特性，其中有很多新功能是能够进一步改善业务现状的。"不仅约好了下一次拜访，并且给客户的高层设定好了预期和下次的话题，让他们期待我的下次拜访能够带来新的信息，有效地避免了临时性的约访。

2. 要学会"刷存在感"

在日常拜访客户的过程中，因为工作内容的需要，不一定每次都是与客户方的决策者沟通，而是和指定的对接人见面，例如 IT 部门的人员或者人力资源部门的人员等。这种情况下，我的技巧是，在每次拜访结束的时候，一定要去和客户的决策人打个招呼，目的就是告诉他：我们又来给你们公司提供服务了。让客户的决策人觉得我们是经常来，经常给他们公司提供上门服务，让他觉得我们的服务非常到位，充满热情。同时，让他能够记住我，后续再和他约拜访或者进行商务沟通时，就不会显得那么生分。

这样就不会有客户抱怨："购买了产品之后，使用了一年都没有人主动联系我们和为我们提供服务。"就不会让客户感觉到购买前后服务态度有落差，这也是我们和竞争对手拉开差距的一种方式，让客户时刻感觉到我们的存在。

3. 不要忽视看似不起眼的角色

在我以往的团队里，有一个客户成功经理给我留下了深刻的印象。他每次去拜访客户的时候，都会给前台工作人员带一杯咖啡。前台通常是一个不太受重视的角色，所以当他这样去关怀前台的时候，就很容易与前台建立联系，通过前台可以打听到客户的很多内部消息。

这个客户成功经理经常因这种方式受益。比如，之前一直约不到客户方的老板，眼看续约的日子就要到了，有一天前台告诉他："今天我们的大老板在公司，你这个时候过来是可以见到他的。"他通过前台预约，成功地见到了大老板——真正的决策者，从而顺利地在客户到期前完成了续约。

3.9 客户成功的职业规划

粗略来看，客户成功的职业发展方向可以分为纵向和横向。

3.9.1　纵向规划

第一，根据成交金额或者重要程度，客户通常被划分为大型客户、中型客户、小型客户。所以，很多公司也按照能力和经验将客户成功分为了高、中、初三个级别。初级客户成功一开始服务小客户，随着经验的增长，逐渐晋升，进而服务中型客户和大型客户。

第二，有些公司会将客户成功团队按照区域或者行业进行分组，客户成功通过不断提升自我，可以逐渐晋升为区域或者某行业的组长，然后进一步晋升为区域或者行业的总监，管理更大的区域或者更多的行业。

第三，随着 SaaS 行业的发展，客户成功变得越来越重要，客户成功在高级管理团队中也开始占有一席之地。客户成功可以晋升到 VP（副总裁）以及 C 级别的职位。近几年，国外逐渐出现了一个新的高级职位——CCO（Chief Customer Officer），负责所有直接面向客户的职能团队，从 VP 再次晋升便可以升职到这个职位。

3.9.2　横向规划

第一，客户成功可以转岗做销售。

客户成功一方面具备与客户高层沟通和谈判的能力，一方面又对客户的业务有深入的了解，所以会比一般的销售人员更懂客户。此外，客户成功的日常工作就是通过产品的解决方案不断帮助客户取得业务上的改进，所以会比一般的销售人员更了解产品，能够输出与产品深度结合且可以落地的解决方案。这些能力为客户成功转行做销售提供了有力的保障。

第二，客户成功可以转岗做产品经理。

因为客户成功不仅对产品功能非常熟悉，而且非常了解客户的业务，清楚客户的日常工作场景，深知客户的痛点及最佳解决方案，因此设计出来的产品一定是符合客户真实场景且贴近诉求的。

我之前的老板曾和我讲过："以后公司的 CEO 可能都会来自客户成功部门，因为客户成功经常接触公司内部和客户的各个角色，而且非常了解他们，最有可能整合各种资源，为公司做出正确的商业决策。"

第 4 章 CHAPTER

客户成功团队的组建和管理

通过前面的章节，我们了解了 SaaS 模式以及广义上的 BaaS 商业模式，并认识了客户成功这个岗位，特别是了解了客户成功这一岗位对于 SaaS 企业的重要意义。那么到底什么样的企业需要一支优秀的客户成功团队呢？在这个团队中还有更细致的岗位划分吗？客户成功相关岗位该如何进行招聘和考核呢？本章将为你解开这些疑惑。

4.1 什么样的企业需要设置客户成功部门

什么样的企业需要设置客户成功部门呢？

你可能会想：前面已经讲过了，只要是 SaaS 企业都需要客户成功部门。没错，从公司的组织架构来看，SaaS 企业都有客户成功部门。但其实不仅仅是 SaaS 企业，提供 PaaS、IaaS 服务的公司，也都有这样一个部门。

这些企业的客户成功部门工作流程也几乎一样：销售人员完成签约后，将客户信息传递给客户成功部门。实施顾问进行项目交付，完成交付后退出项目，并将客户信息继续传递给客户成功经理。客户成功经理和续约经理一起，持续为客户提供服务和帮助，直至最终完成续约。

在上述类型的企业和行业之外，就很少听到客户成功这个名词了。但实际上其他行业和公司就不需要客户成功部门了吗？答案是否定的。

在 B2B 领域，类似客户成功的角色比较常见。传统的软件公司尽管卖的是定制软件，看似是一次性交易，但是他们也希望增加可持续性收入。市场上比较常见的可持续性交易方式是为客户提供维护服务，通常是定制软件费用的 15%～20%，且每年收费。因此软件公司内部也有一些岗位负责长期维系客户关系，目的是确保客户每年都会购买本公司的维护服务。从某种程度上讲，这些岗位也是一种客户成功的类型。

除了 B2B 领域，B2C 领域也有越来越多的行业和公司设置类似客户成功的岗位和角色。我们一起来看两个例子。

在某少儿培训机构中，班主任仅负责学生管理，并不负责课堂教学。他的日常工作是和学生家长沟通，了解家长对孩子到他们机构培训的目标和期望，并及时向家长反馈孩子近期在学习中的表现。同时，班主任还会在每节课结束之后和学生进行沟通，了解学生在课堂学习中的感受，了解学生对他们机构的感受，并把这些信息反馈给负责教学的老师和教研人员。其实班主任做的就类似于客户成功经理服务客户的各项工作。更为相似的是，在少儿培训机构对班主任的考核指标中，有一项重要指标叫升班率，即他班上有多少孩子报名参加了下一期的课程。通过以上类比，可见班主任角色和客户成功部门做的事情十分相似。

又比如鲜花电商“花点时间”。尽管我和他们的交互仅仅是通过微信公众号，但是电商和传统花店最重要的区别并不在于是否有实体店。“花点时间”后台一直有一个团队在通过公众号推文的方式来加强他们和客户之间的联系，通过推文告诉客户：当下季节什么花开得最好，如何插花更好看，如何可以让“花点时间”的花开得更美、花期更长。我不断地订阅他们的鲜花，因为他们并不是在不断地向我推销鲜花，而是让我学到了如何用他们的花把我的房间装扮得更漂亮，他们让花成为我生活中的一部分。这些工作正是某种意义上的客户成功行为。

因此我的结论是：无论是 B2B 还是 B2C，只要是追求老客户持续付费的业务模式，即非一次性交易的业务模式，都会需要设置类似客户成功的部门，即便在某些业务形态下他们往往不被称为客户成功部门。下面列举一些典型的需要设置客户成功部门的企业和行业：

- 典型的 SaaS、PaaS、IaaS 云服务企业；
- 靠订阅模式收入的企业，如订购会员服务；
- 线上或线下服务机构，如教育培训、美容服务；
- 多产品组合的企业，如传统家电企业开始设置客户关怀部门，期望单个客户可以购买他们的全套家电。

4.2 客户成功部门各职能岗位的职责和角色

首先我们要清楚一点：客户成功是一个部门的名字，而不仅仅是一个岗位的名称。客户成功部门会接触客户签约后的所有事务，因此有所有服务相关的职能。

客户成功部门通常包含 3 个职能岗位：客户成功经理、实施顾问和客户服务。有的公司会设置第 4 个职能岗位：客户经理，或者叫作续约经理。

尽管有些公司客户成功职能岗位设置得并没有如此完整，但本质上仍有人承担了相应的工作，只是未将其设置为一个特定的岗位而已。下面我们通过图 4-1，了解一下除了客户成功经理之外，其他岗位在部门里面分别担任了什么样的职责，并扮演了什么样的角色。

4.2.1 客户成功经理的职责和角色

客户成功经理在第 3 章有过较为详细的介绍，他的职责、角色和目标如图 4-2 所示。

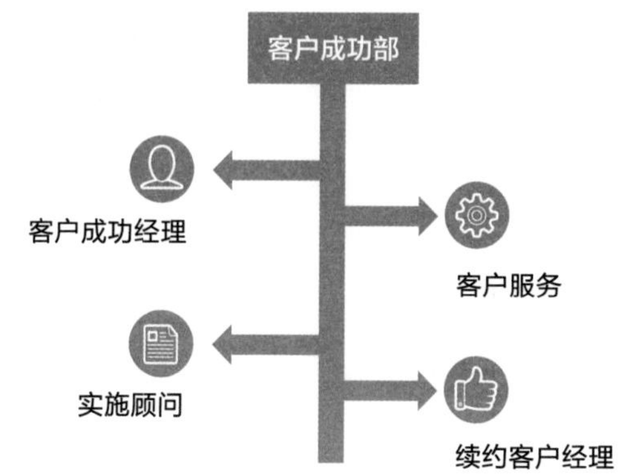

图 4-1　客户成功团队构成

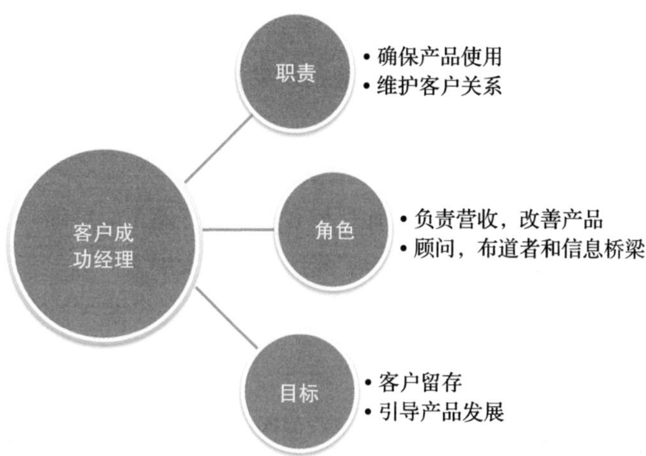

图 4-2　客户成功经理的职责、角色和目标

1. 客户成功经理的职责

整个合同存续周期内客户的唯一负责人，负责跟踪了解客户购买产品的使用状况，确保客户活跃使用我们的产品；输出产品价值，确保产品解决方案落地；持续地维护客户关系并提升客户

体验；追踪客户使用产品过程中的问题并确保解决。

2. 客户成功经理的角色

角色 1：对内的角色

- 营收的负责人
- 产品改进的推动者

角色 2：对外的角色

- 客户可以信赖的顾问
- 布道者
- 客户与公司直接传递信息的桥梁

3. 客户成功经理的目标

让客户感知到价值，从而保证客户的留存及正面口碑；同时，让公司了解客户最真实的情况，指引产品的发展方向。

4.2.2 实施顾问的职责和角色

实施顾问的职责、角色和目标如图 4-3 所示。

1. 实施顾问的职责

实施顾问的职责是对客户需求与产品进行匹配，形成解决方案并交付。下面我们以 SaaS 公司为例进行说明。

SaaS 公司的产品是软件，市面上常见的软件可以简单分为两大类：简单工具和复杂系统。简单工具如云盘、企业聊天工具、

Office 365 等。但更多的 SaaS 公司生产的产品是复杂的业务管理系统，如核心人力软件、ERP 软件、财务软件等。复杂系统对于客户来讲是很难直接上手的，需要 SaaS 公司针对客户需求对软件进行一定程度的改造，并向客户提供详细的培训，之后才可以正式投入使用。因此，提供复杂业务产品的公司会专门设置实施顾问的岗位，他们的工作是根据客户的需求提供软件个性化配置，以及系统搭建、数据初始化和培训等服务，确保客户可以顺利使用产品。

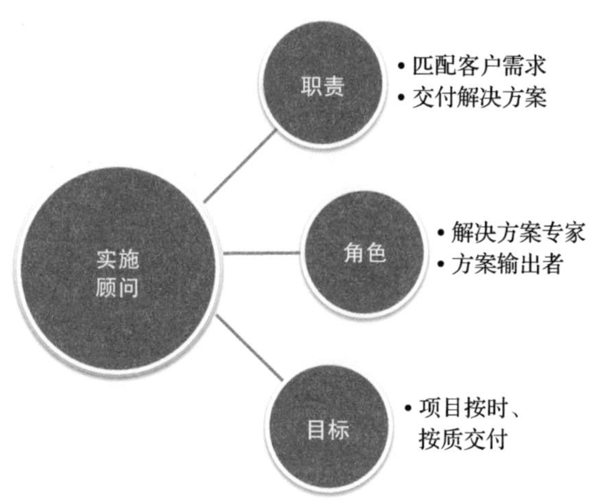

图 4-3　实施顾问的职责、角色和目标

2. 实施顾问的角色

实施顾问的角色是在产品卖给客户后输出解决方案给客户。

客户购买了公司的产品，是认可该产品的价值，认为该产品可以帮助他们解决问题。但是如何通过产品解决问题，他们并不清楚。因此客户需要一个专家，一个了解客户的问题又知道如何通过产品解决问题的专家。实施顾问就是扮演这样一个角色，他熟悉客户的业务，又熟悉公司的产品，通过专业知识的结合输出解决方案。不同的客户要解决的问题不一样，所以实施顾问输出的解决方案不是一成不变的。即便是同一个产品，实施顾问面向不同的客户输出的解决方案也不同，都是量身定做的。

3. 实施顾问的目标

确保项目可以按时、按质交付是实施顾问的目标。实施顾问与客户成功经理工作内容的本质区别是实施顾问对项目负责，而客户成功经理对客户负责。这里所说的项目，是指客户签约购买后为了达到使用目的而进行的实施项目，以及后期客户因任何个性化需求，需要公司进行二次实施而产生的项目。

通常项目会有明确的上线日期、需要投入到项目中的人力资源、项目的实施范围以及上线的标准。实施顾问的目标就是按照计划好的人力投入，在项目规定的范围内，在约定的项目上线日期前，确保项目达到上线标准，实现按时、按质交付。

4.2.3 客户服务的职责和角色

客户服务的职责、角色和目标如图 4-4 所示。

1. 客户服务的职责

客户服务又叫作技术支持，是我们较为熟悉的传统客服角色。客户服务的职责是接到客户的问题后，快速响应，迅速找到问题产生的原因及相应的解决方案，并告知客户，确保客户的问题得到解决。

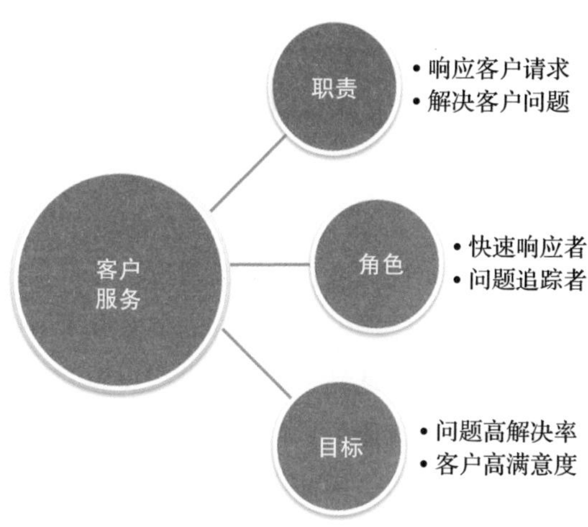

图 4-4　客户服务的职责、角色和目标

几乎所有的公司都有类似客户服务的岗位，其中差别仅仅是服务渠道不同：有的以邮件的方式进行服务，有的以在线聊天的方式进行解答，还有的以 400 电话坐席的方式进行处理。随着技术的发展，智能客服逐渐涌现，自动回复客户问题可以在很大程度上减少人工客服的投入。客服内部通常又会根据技能、处理问题的复杂度，将客服分为一线、二线甚至三线客服。

2. 客服的角色

客服的角色是快速响应并帮助客户找到解决方案。客户在软件的日常操作过程中会遇到障碍，或者软件运行过程中发生一些故障，需要快速找到厂商得到指导。有时仅仅是非常简单的使用咨询，不需要一个正式的会议来沟通。只需通过产品客服，客户的问题就能够得到解答，例如软件该如何下载、如何升级、如何注销账户等。即便客户的问题在客服这里无法立刻得到解决，客服人员也会将客户提出的问题反馈给后台能够处理的人员，并持续追踪问题解决的进展，最终将问题的解决结果同步给客户。

3. 客户服务的目标

客户服务的目标是确保客户的高满意度。客户找到客户服务团队，一定是对产品后续服务有需求，需要客服来帮助他们答疑解惑；或者是使用产品时遇到了障碍，希望得到解答和处理。客户是不会无缘无故找到客服的，换句话说，找到客服的都是真正产品使用者或者潜在客户。因此他们与客服交互的满意度，也会影响企业品牌的口碑及客户的留存。

要确保客户满意，需要从两个角度着手。

（1）快速响应

如果帮助中心、自助服务手段无法解决客户问题，客户转入人工服务时，不能让客户有过长的等待时间，否则客户会放弃咨询，且带着问题离开。我们可以容忍一定程度的漏接率，但通常不要超过 10%。因此首次响应速度非常重要，需要让客户快速接入人工服务。

（2）解决问题

客户找到客服是因为有问题，而作为企业专业的服务人员，客户服务的任务就是帮助客户解决问题。如果问题得不到解决，客户会觉得服务人员不够专业，不满意的情绪会延伸到产品的其他方面，从而给产品甚至企业带来负面的口碑。因此，想实现客户的高满意度，客户服务人员良好专业的服务态度固然重要，但更重要的是客户问题的解决率。

我在读 MBA 的时候，老师举过这样一个案例：一家世界 500 强公司本来市场口碑很好，客户服务都是以邮件的方式开展的，虽然处理速度较慢，但是从未收到过投诉。后来他们为了能够更快速地响应客户问题，建立了 800 客服中心，客户可以直接以电话方式进行服务求助。结果投入运行一段时间后，客户满意度急剧下降。经研究发现，原来 800 电话上线后，客户觉得打电话更方便快捷，都采用打电话的方式寻求客服帮助。但是要么是等待很久无法接通客服，要么是接通后客服无法解决问题，因此多数未解决问题的客户在挂机前给了“不满意”的评价。

如果我们的客户服务团队的人员或者支持没有做好准备，则宁可没有客服团队。

4.2.4　客户经理的职责和角色

客户经理的职责、角色和目标如图 4-5 所示。

1. 客户经理的职责

客户经理的职责是基于现有客户，通过客户续约、增购及交叉销售等方式，完成公司给予的销售任务，有的公司也把这个岗位称为续约经理。很多人听到客户经理这个名字会好奇，客户经理，这不是对销售的称呼吗？客户经理在本质上确实是一个销售的角色，他也需要承担一定的业绩。但差别是，这个角色不负责新客户的拓展，只负责他的工作范围中那些老客户的销售事务，如续约、交叉销售。客户经理是通过老客户来完成业绩的，所以叫续约经理其实并不准确，因为他需要负责的并不仅仅是续约。

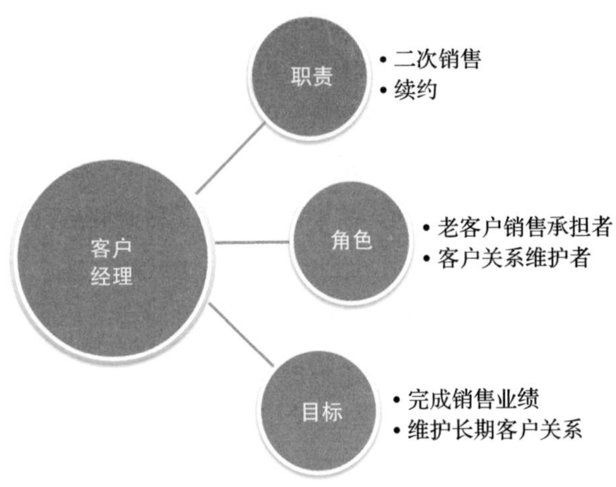

图 4-5　客户经理的职责、角色和目标

这个角色在国外的 SaaS 企业中非常常见，在国内并不多见。在国内，老客户的续约、增购等事务，要么是销售兼职完成，要么是客户成功经理兼职完成。甚至有的公司，从销售到客户成功服务再到续约，由一个人从头干到尾。听上去没有太多的职能设置，但实际上他是一个人兼做了 3 个职能。

2. 客户经理的角色

这里我们可以将客户经理理解为面向老客户的销售。他们需要通过管理范围内的老客户，完成自己的销售业绩。续约是其完成销售任务的主要手段，其次还包括老客户增购或者交叉销售等让老客户产生更多消费的方式。同时，因为客户经理需要和客户维持良好的商务关系，所以能力上要求具备更多的商业技巧，以便将销售人员前期与客户培养的良好关系“继承”下来。

3. 客户经理的目标

客户经理要完成销售任务，但并不急于完成任务。很多成熟的 SaaS 企业会设置客户经理岗位，这是基于付费客户的基数足够大，老客户续约收入成为企业业绩增长的引擎，因此需要有专业人士来承担老客户相关的收入任务。

客户经理尽管也背负销售任务，需要完成业绩，但是不会像销售人员那样激进。他们需要在适当的时机以适当的方式来促成老客户二次消费。以产品功能为基础，在此方向上持续挖掘老客户身上的痛点，使客户以前并不“痛”的地方变成痛点，从而实现新产品的销售。或是以某个分公司作为突破口签约后，客户经理持续维护客户关系，并最终与集团总部建立信任，从而推进其他分公司的采购合同。这些都需要通过耐心地逐步与客户加深信任，同时进一步深入了解客户业务的情况下完成的。与此同时，客户经理不会为了完成业绩而夸大其词，因为他们更看重与客户长期合作，这对公司来讲更为有益。

当收入任务由客户经理承担时，客户成功经理就不再需要为收入负责了，他可以全身心地投入在为客户传递信息、提供咨询服务的工作中。同时，也正因为客户成功经理不再需要与客户谈钱，而是只谈业务，客户也更愿意接受客户成功经理的建议，这也从另一个侧面促进了客户成功与客户的信任关系，对公司长期留住客户是有益的。

4.3 各职能相互配合的 3 个原则

之所有把以上角色放在一个大部门下，是因为这些角色之间的配合会贯穿客户服务整个生命周期之中，他们之间相互配合所产生的“化学作用”远远大于任何一个角色本身所能发挥的最大效力。反言之，一旦这几个角色的相互配合出现问题，客户服务的问题会被不断放大，最后导致的结果就是客户流失。

客户会在不同阶段、向他接触到的不同角色提出服务需求或反馈产品问题，虽然我们接触客户的职能岗位很多，但是客户只有这一个。任何职能岗位接触到该客户时，都应该拥有完整的上下文，因此要确保信息在各个职能岗位中的流转和透明。

各职能在工作配合过程中有以下几点需要坚持的原则（见图 4-6）：

图 4-6　客户成功部门各职能工作配合过程中的原则

- 客户诉求不能忘；
- 客户问题不能丢；
- 客户关系不能凉。

4.3.1 客户诉求不能忘

客户成功团队在配合过程中要坚持“客户诉求不能忘”这一点，需要做到以下两方面。

1. 客户诉求在各个角色中保持同步传递

在第 1 章我们提到了，企业级客户购买产品是有诉求的，他们期望产品能解决工作中遇到的问题。在和客户接触的过程中，销售人员通过挖掘客户痛点，进行价值输出，使客户认为企业的产品可以解决他们的问题，并为此买单。首先承接客户诉求的是实施顾问。同时，客户成功经理也会了解到客户的购买诉求，作为今后服务客户的指南。

因此，客户的期望、企业的承诺，需要由销售人员清晰地以书面的方式传递给实施顾问和客户成功经理，如果有必要，可以通过内部小型同步会议进行协同配合。实施顾问了解到客户的大致诉求后，会通过详细地诉求调研，将客户的诉求不断拆分、细化，变成可以逐一解决的小问题。当然，遇到无法满足的诉求，也是常见情况。诉求细化后，由实施顾问制定解决方案，并最终完成交付。

2. 解决方案需要实施顾问和客户成功经理共同参与

实施顾问作为交付的负责人，需要对客户的诉求和解决方案负责。但是我并不建议客户成功经理在项目结束后再引入，因为这样又需要进行一次信息交接。在项目启动时，客户成功经理可以和实施顾问同时进入项目，客户成功经理扮演质量把控的角色，了解实施顾问的解决方案，判断是否是最佳的方案、方案有无偏离之前的指南。

客户成功经理需要了解并不断提醒实施顾问对客户问题的拆解是否全面、有无遗漏。假设每个项目是一场越野拉力赛，实施顾问是驾驶员，而客户成功经理就是坐在副驾驶位置的“领航员”。双方共同配合，才能保证驾驶车辆不会绕路，并越过障碍，明确驶向终点。

实施过程需要保障从一开始就进入正确轨道，一旦实施过程出现了偏差，客户成功经理是无法扭转局面的。结果就是要么项目重新实施，要么在错误的道路上越走越远。当项目顺利交付后，实施顾问退出项目，客户成功经理则顺利承接客户信息，不再需要交接，整个项目信息也都会保留得非常完整。

4.3.2 客户问题不能丢

有句话是这么说的：问题不会自己消失，但是客户会。要做到客户问题不丢失，只需要做到一点：制作一个完整的客户问题记录表，及时更新并保持此表对能接触到该客户的所有人可见。

客户会通过各种途径反馈各式各样的问题。有些问题反馈给客服了，客服一定要将这些问题记录下来，并且同步给该客户对应的客户成功经理和客户经理。同样，实施顾问和客户成功经理接到客户问题时，除了协助处理问题外，也需要将接到的问题记录下来。所有这些问题，都汇集在一个该客户相关问题记录表中。这样做的好处是，查看某客户反馈问题表时，所有记录都是完整的，并且清楚记录着还有哪些问题未解决。

这样就避免了下面这些尴尬的场景：客户成功经理在客户现场，客户说上次给你们反馈的问题现在还没解决，目前进度怎么样了？客户成功经理一脸茫然，因为他并不知道客户什么时候、给谁反馈过问题，自然不知道进度如何。又或者客户经理找客户续约时，客户说等你们把问题都处理完再谈续约吧，可是客户经理并不知道还有哪些问题没处理好，更不知道什么时候能处理好，想和客户谈续约也无从下手。

因此，最佳处理方式是，应该将一个客户通过所有途径反馈的所有诉求汇聚记录起来，并且清晰地标记出时间及处理状态。这样无论是客服、客户成功经理还是客户经理，或是任何需要接触该客户的角色，都可以查看到完整的问题记录清单，清楚了解目前客户诉求的情况。这会给客户带来企业服务专业的印象，让客户觉得企业是值得信赖的，反馈问题给企业是会得到回应的。

4.3.3　客户关系不能凉

客户成功团队想要做到“客户关系不能凉”这一点，务必做到以下两方面。

1. 认识到 SaaS 模式是一种长期关系

在一段商务关系中，客户最怕的就是购买产品前后的体验不一致。签约付款前，销售处处对你笑脸相迎，好话说尽；一旦签约付款，销售马上变脸，再没有人耐心细致地关心你的需求。其实我们也可以理解这个现象，销售人员通常背负着巨大的业绩压力，这一单成交后，还要忙着应付下一个新客户，精力有限，难以顾及老客户。在以往一锤子买卖的生意中，客户付款拿货就意味着双方的合作已经结束了。

但是在 SaaS 模式中，客户签约付款意味着双方的合作才刚刚开始。客户后续持续的消费，才是公司继续发展的动力。作为公司的管理者，需要把这种差异化思维传递给公司的所有人，特别是销售团队。使销售人员摒弃为了成单“不择手段”的想法，把和客户长期合作作为工作重心，销售团队的管理者也不应完全以业绩为导向去推动销售结单，应增加对客户关系的关注。

2. 传递客户的信任，延续关系

客户购买了企业的产品，意味着销售人员初步建立了客户的信任。客户经理和客户成功经理需要将客户的信任延续下去，为的是持续进行老客户经营。销售人员应通过当面引荐的方式，将客户经理和客户成功经理正式介绍给客户关键人，协助客户经理和客户成功经理与客户建立初步联系。后续，在一些重要节点，如项目启动会、高层汇报会议时，销售人员应邀请客户关键人出席，不断增加关键人与客户成功团队的互动。同时，销售人员需要不断强化客户成功团队的作用，引导客户遇到问题时去寻求他们的帮助。

客户经理和客户成功经理二者更需要相互默契配合：客户成功经理扮演咨询顾问的角色，为客户持续输出价值和服务。因为客户成功经理不需要背负金额的压力，只管进行价值输出，就更容易见到客户，也更容易取得客户的信赖。同时，在关键时刻带着客户经理一起拜访客户，由客户经理扮演商务的角色，尽管销售人员的重心不再放在该客户身上，但是客户经理顺利的承接不会让客户感觉到签约前后关系的落差，除去产品本身也仍有人关注他们的消费感受，可以给客户继续带来宾至如归、上帝般的用户体验。让客户在消费和价值二者之间找到平衡，接下来的继续消费和追加消费，就是水到渠成。

4.4　各职能的招聘与考核

了解客户成功部门各个职能角色及相互配合关系后，下面我们学习如何组建客户成功部门。我们先分别看一下客户成功部门几个职能常见的职位描述、任职要求及绩效考核方式。

1. 实施顾问

实施顾问需要具备良好的项目交付经验，有过售前顾问的工作经验是加分项。

（1）职位描述

- 负责实施项目交付工作。
- 能够深入分析客户业务需求，并全面考虑业务环境，设计或改进业务规范及流程。
- 精通产品性能且具有高级定制化能力，并可熟练运用在项目中。

- 基于对客户需求的分析，进行原型设计。
- 有能力协调和处理问题，推进和管控项目从售前直至完成交付全过程。
- 具备一定的售前业务开拓能力，包括解决方案、项目计划、SOW（工作说明书）的编写与谈判，同时有能力评估服务工作量与成本。
- 具备独立完成项目交付全过程的工作能力，包括业务分析、文档编写、产品配置开发、测试及培训等。

（2）任职要求

- 5 年以上企业服务（系统实施中的业务与技术）工作经验，有丰富的客户沟通与管理经验。
- 具备基本的程序开发经验（SQL、Java 等）优先。
- 条例清晰，逻辑思维能力强，做事专注、细致。
- 工作态度积极，爱学习，有责任心。
- 具有很强的服务意识。
- 本科及以上学历。

（3）常见岗位考核内容

- 工作时间利用率，即每个月有多少工作日是在客户项目上。
- 项目按时、按预算交付率。
- 项目验收满意度。

（4）关键技能

- 项目管理。

- 需求分析。
- 宣讲、高层汇报。

2. 客户服务

客户服务与其他行业常见的客户服务专员工作内容类似，有些公司会需要主动外呼，但是绝大多数客服只需要被动处理客户问题即可。

（1）职位描述

- 主要针对客户的售后服务，通过电话、在线等方式解决客户在产品上的使用问题。
- 定期汇总整理用户问题，形成 FAQ 并反馈。
- 为客户提供完整准确的方案及信息，解决客户问题，提供高质量服务。
- 具备良好的工作执行力，严格按规范及流程进行工作或相关操作。
- 与同事或主管共享信息，进行知识积累，提供流程改善依据。

（2）任职要求

- 大专及以上学历，1 年以上销售或客服工作经验。
- 熟练使用办公软件（Office、Excel 等），并对互联网、软件有一定了解。
- 具有良好的客户服务意识，普通话标准，口齿伶俐，并具有较好的沟通、应变及学习能力。

- 工作严谨，计划性强，善于分析思考问题，有责任心。

（3）常见考核内容

- 服务满意度。
- 响应时效。
- 一次性问题解决率。
- 问题解决数量。
- 质检合格率。

（4）关键技能

- 快速学习。
- 服务心态。

3. 客户经理

客户经理的工作内容与销售经理基本无异，唯一的差别是客户经理的销售任务需要通过老客户的续约或二次销售完成，无须开拓新客户。

（1）职责描述

- 负责公司付费客户的维护，完成基于老客户的销售任务。
- 对客户管理层进行拜访，与客户方的管理者建立良好关系，提高客户满意度。
- 能够协调其他团队资源，推进项目及需求的进展，为客户持续提供服务，并总结成功案例。
- 跟进客户续约，完成续约；引导客户需求并识别二次销售机会，为公司创造新的利润点。

（2）任职要求

- 具备成熟的销售技巧。
- 反应敏捷、表达能力强，具有较强的沟通能力及交际技巧，亲和力强；具备独立分析和解决问题的能力。
- 具备直接面对客户高层工作经验，有销售管理经验者优先。
- 熟练运用办公软件，良好的文字驾驭能力及总结能力，对互联网、软件行业有一定了解。

（3）常见考核内容

- 续约金额任务完成率。
- 二次销售任务完成率。

（4）关键技能

- 商业敏感度。
- 谈判技巧。
- 人际关系能力。

第 5 章 CHAPTER

客户成功经理的日常

在认识了客户成功部门及其相关各岗位职责和角色后，我们来进一步了解各岗位的日常工作内容。每位客户成功经理都有自己负责的客户，那么客户资源是如何划分并分配给他们的呢？他们接到这些客户之后又该如何着手开展工作呢？对于不同的客户是不是需要有不同的维护方式呢？本章我们通过客户成功经理的日常，了解这一岗位的工作内容。

5.1 客户资源是如何分配的

5.1.1 客户划分的 3 种方式

客户签约之后，企业一定不是随机将客户分配给某一位客户成功经理的。那么，应该如何合理地分配客户资源呢？在解答这个问题之前，我们需要先做一件事——将客户分组。虽然客户各不相同，但是我们可以通过一些维度找到客户的某些共同点，据此将客户分组，以此为依据进行客户分配。通过将客户资源和客户成功经理进行匹配，进行合理、公平、快速地分配。常见的客户划分方式有 3 种，如图 5-1 所示。

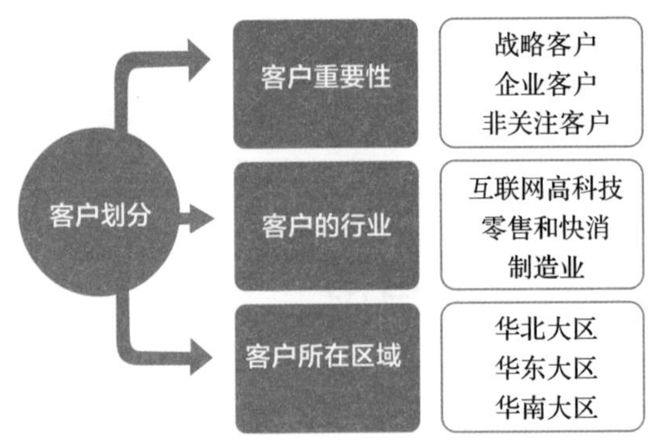

图 5-1　客户划分的 3 种方式

当然，更常见的是将以上 3 种方式中的 2 种或者 3 种相结合，将客户进行矩阵式地分组。下面我们分别看一下分组方式。

1. 客户的重要程度

什么是客户对公司的重要程度？

我们可以将客户重要程度理解为该客户给公司创造价值的大小。这个价值包括销售带来的收入、客户本身的名气及客户企业规模。通常情况下，客户的名气、规模和他们能为我们带来的收入是成正比的。按照客户重要程度，我们通常会把客户划分为 3 类。

（1）战略客户（标杆客户）。战略客户通常是行业领导者、上市公司以及名气或规模都比较大的公司，这些公司通常给我们带来的收入也较高。有些龙头企业、行业标杆，即便为我们带来的直接收入并不是最高的，但是通过他们的背书，可以为我们在该行业中树立良好的形象，从而带来非常可观的潜在收益，因此这些企业也都是我们眼中的战略客户。

（2）企业客户（普通客户）。企业客户一般是成交金额中等的一批客户。这些客户虽然不是行业标杆，但通常都来自我们的目标客户群体。这些客户也可以给公司创造可观的收益，通过和他们的合作，我们能够不断地验证、改善产品和服务质量。

（3）非关注客户（小微客户）。小微客户是指企业规模小且客单价较低的客户群体，不需要我们投入过多关注。在这里我要特别强调一下，非关注客户并不仅指小微客户，也包括来自非目标客户群体的客户。比如，我们的目标客户是互联网行业的企业，但有一个制造业的公司因为某种原因购买了我们的产品，该公司并不是我们的目标客户群体，公司现阶段需要更多关注产品在互联网行业的应用情况，因此不必投入过多关注给该制造业公司。所以对我们来讲，虽然非关注客户购买产品的金额不一定小，但是我们仍然不会特别关注他们，以免我们不够聚焦，偏离目标方向。注意，上面讲到的普通客户，大多数来自公司的目标客户群体。

这里我们通过一个典型的例子来直观感受客户划分的特殊之处。通常情况下，按照企业规模对财务系统的购买客户进行分组。这是为什么呢？因为财务工作相关的会计标准以及财务报表等内容，通常是国家统一标准制定好的。在这种情况下就没有必要按照行业再进行客户划分了。因此，客户划分的每一个客户层级里面都会包含来自各行各业的企业。

2. 客户所属行业

将客户按照其所属行业进行客户划分也是非常常见的分组方式。很多产品的客户来自于各行各业，比如互联网行业、高科技行业、制造业、金融业、广告业等。这种划分方式尤为适合面向不同行业解决方案差异较大的产品的客户。

这里也有一个典型的例子。CRM 产品的提供商通常会把客户按照行业分组。因为 CRM 的产品为不同行业的客户提供的解决方案差异较大。比如，高科技行业的客户，通常更关注销售漏斗。客户希望通过销售漏斗一目了然地了解每一个商机的实时进展情况，以此进行收入的预测。制造业则不同，制造业的客户会更加关注订单的数量、库存的情况以及交付效率。快销行业又不一样，作为销售的管理者，他们更关注门店的经营情况以及销售人员外出寻访的行为。所以针对这种解决方案差异较大的产品，按照行业将客户分组，更容易获得最优的解决方案。

3. 客户所在区域

将客户按照所属区域，如城市、省份或者大区进行分组，也是一种常用的客户划分方式。这样做的主要目的有两个。

第一，实现客户的本地覆盖。同一个区域内，文化是类似的，客户之间可能也是有连接的。通过客户所在区域进行客户划分可以实现协同效应。

第二，将划分好的客户资源分配给驻守当地的客户成功经理，可以有效减少长途差旅，节省员工差旅时间和企业差旅成本。

5.1.2　为客户匹配客户成功经理

在对客户资源进行合理地分组之后，我们还需要对客户成功经理进行相应的划分。例如我们也会把客户成功经理按经验和能力分为高级、中级和初级客户成功经理，对应匹配战略客户、企业客户和非关注客户。如果客户资源是按照行业划分的，则安排来自相应行业背景的客户成功经理与之匹配。如果没能将客户成功经理合理地与客户相匹配，会带来什么样的结果呢？

1. 无法集中优势兵力，同样的投入但是产出低下

二八法则是无处不在的，在商业中也适用。我们以 Salesforce 为例，他们全球一共有 20 万个付费客户。其中的 2000 个客户，虽然只是 1% 的客户量，每年贡献收入却占了 Salesforce 总收入的 70%。另外数量庞大的 19 万余个客户，仅贡献了剩余 30% 的收入。显而易见，我们一定要投入最好的客户成功资源和更多的精力在这 2000 家战略客户上，投入产出比一定远远高于将客户成功资源平均分配给所有 20 万个客户。

2. 人员规模无法控制，客户满意度难以保证

一个客户成功经理的精力是有限的，如果我们不对客户成功人员按照客户的分组进行对应的划分和分配，那么随着客户量的增加，如果想较好地开展工作，客户成功团队的规模必须同步增

加。在这种情况下，我们无法合理规划客户成功团队的规模和成本。同样，客户满意度也无法保证。因为B2B领域，所有客户无论大小都有决策流程，而且小客户的业务也可能会很复杂，他们也会提出各种各样的需求。当我们被小客户牵扯过多精力的时候，大客户就会维护不周或者流失，企业损失巨大。

3. 很难与客户形成共同语言

刚才提到有些情形下，我们会把客户按行业分组。与此同时，我们需要为不同行业的分组分配了解该行业的客户成功经理，并且一个客户成功经理覆盖的行业过多，也很难与客户形成共同语言。不同的行业有不同的术语，只有充分了解那些特定的术语和企业关注的指标，才可能有针对性地给出特定的解决方案。同时，购买决策的过程中，客户一般都会想了解该产品有过什么样的成功案例。他们并不需要产品所有的成功案例，只想了解他们所处行业中的。所以对客户按照行业划分后，也要把客户成功人员按照行业进行匹配。

综上所述，我们把客户进行有规则的划分之后，也对客户成功人员进行类似的划分。双方匹配可以保证小客户少投入，重点客户重点投入，同时能和客户形成共同语言，在有限的成本下获得最大的收益。

在把客户成功经理与客户分组进行匹配之后，一个客户成功经理需要维护多少个客户呢？这个数字并没有一个固定值。国外的一些相关书上提到过，一个客户成功经理维护的客户总合同金额应当等于客户成功经理年薪的20～30倍。

我通常建议按照一个人的精力和对客户维护的精细度来计算客户成功经理需要维护的客户量。假定维护一个战略客户，我们期望客户成功经理每个月能够有效拜访两次。一个月 22 个工作日，除去开会和在公司处理琐事的时间，大概剩下 15 个工作日。上午下午各拜访一个客户，每个月大概可以进行 30 次拜访。那么对于战略客户，一个客户成功经理维护 15 个战略客户可以做到每个客户每个月拜访两次，工作量就已经饱和了。同样，对于普通客户，如果客户成功经理一个月只需要拜访一次，那么一个客户成功经理就可以维护 30 个客户。而对于小微客户，不需要客户成功经理拜访，只需要远程、批量维护，数量就可以多一点，每个客户成功经理可以维护 200～300 个小微客户。

市面上还有一种不太常见的客户分配方式，有一些 SaaS 公司在用，我觉得很特别，在这里和大家分享一下。他们的客户成功团队以小组合作的形式维护客户。一个小组里面会有两到三个客户成功经理、两个实施顾问和两个客服，然后这个小组会共同维护一定数量的客户。

小组形式维护客户的优势非常明显。比如小组中的两个客服就只处理他们小组固定的这些客户的问题，所以对客户非常熟悉，响应速度也比较快。同时，如果小组中有人休假或者离职，并不需要过多的交接，也不会造成客户服务被中断的麻烦。

但这种维护方式也有一些弊端。当这个小组维护的客户数量饱和且长期稳定时，有可能这些客户已经没有太多问题了，那么小组中的两个客服就有可能处于无事可做的状态。同样，实施顾问的任务是实施交付项目，当这个小组的客户没有太多新的需求和实施工作的时候，他们也会处于闲置状态。

5.2 了解客户

当我们把客户分好组，也把客户成功经理和这些分组匹配上之后，接下来就是把客户交给客户成功经理们去服务了。作为一名客户成功经理，工作的第一步就是要充分了解分配到的这些客户。客户成功经理如何开始了解客户？要了解客户的哪些信息呢？

5.2.1 客户成功经理接手客户后应该做的 2 件事

很多人以为接手客户就是获取客户的联系方式，其实没有这么简单。首先我们来看一下作为一名客户成功经理，接手客户时会遇到的 3 种情形。

- 最常见的一种情形是新客户签约完成，销售人员将客户交接给客户成功经理，由客户成功经理继续提供服务。
- 原有的客户成功经理离职，他所负责的客户需要由新任客户成功经理来继续服务。
- 作为入职的新人，公司会分配一些其他客户成功经理名下的老客户进行服务。

以上 3 种情形，无论哪种情形，如果希望能顺利地为客户继续提供很好的服务，客户成功经理都需要先充分了解这些客户的信息。应该从哪些方面入手呢？主要是通过以下两大方面来了解，如图 5-2 所示。

图 5-2　了解客户的两大方面

1. 充分了解客户的信息

客户成功经理在接触客户时，需要充分了解以下 3 点信息。

第一，了解客户的决策链。客户成功经理并不仅仅是获取这些客户的联系方式，而是需要知道客户的决策链是由哪些部门的哪些人组成，包括谁是真正的决策者，谁是购买的发起者，谁是我们的支持者，谁又是我们的反对者。

第二，了解客户要解决的问题及选择我们产品的原因。每个客户选购产品时，要解决的问题都不会完全一样，客户成功经理需要了解每个客户真正想要解决的问题。同时，也需要了解客户为什么在市场上的众多产品中选择了我们，我们可以借助这些信息更好地发挥我们的优势。

第三，了解客户是否有特殊条款。有些客户在签约时会附带一些特殊条款，例如不许对外宣传，续约时涨幅价格不得超过 10% 等。内部交接时，要避免这些签约时我们对客户的特殊承诺被遗漏，让客户觉得我们不够专业，降低信任度。

2. 判断客户目前所处的阶段

如图 5-3 所示，通常客户的生命周期可以被分为 5 个阶段：签约购买——实施交付——内部推广——稳定使用——续约沟通（再次回到签约购买）。

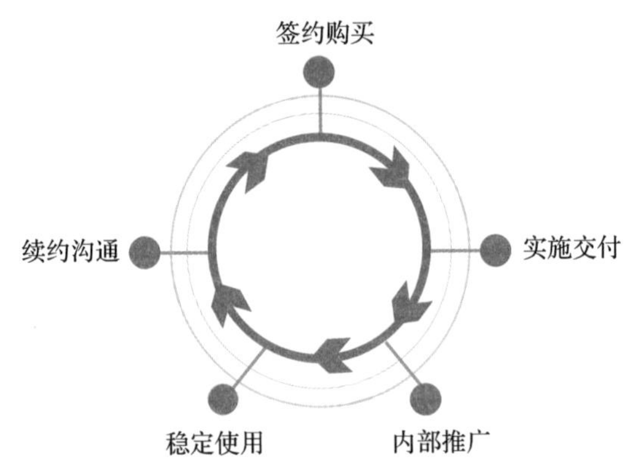

图 5-3　客户生命周期

除了前面提到的需要了解的各种信息之外，客户成功经理还需要了解所接手的客户目前处在哪个阶段。在不同的阶段我们需要了解的信息不同，以便采取不同的动作。

- 如果客户是刚刚签约，销售人员将客户信息传递给客户成功经理即可。
- 如果客户正处在实施交付阶段，需要及时了解实施顾问给出的实施方案是否与客户需要解决的问题足够匹配，以及是否有经过实施交付后也无法实现的需求。

- 如果客户正处于内部推广阶段，需要了解客户目前的内部推广负责人是谁，他在公司担任的是什么角色，是否有推广力度，推广过程中是否遇到阻碍以及问题，等等。
- 如果客户正处在稳定使用阶段，需要看一下前期是否有遗留问题仍未解决，并持续帮助客户解决。
- 如果客户正处在续约沟通阶段，就需要了解目前续约谈判是否顺利，签约还有哪些阻碍，然后与客户经理配合将这些阻碍消除。

5.2.2　判断客户黏性

接手客户后，客户成功经理会通过自己的服务尽量将客户维持在一个高使用黏性的程度，以减少客户流失的风险，达到顺利完成续约的目的。那么我们如何来判断客户的使用黏性呢？这里推荐大家关注活跃度和健康度两个维度的指标（见图 5-4）。

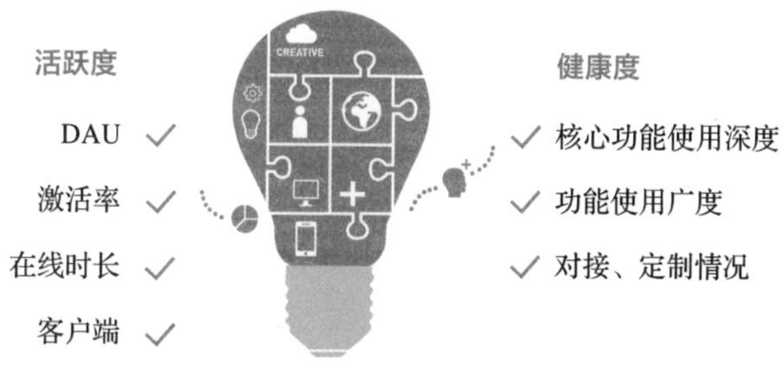

图 5-4　判断客户黏性的 2 个维度

1. 活跃度

活跃度比较好理解，绝大多数公司都在观察客户活跃度相关的数字。简单来讲，活跃度就是客户是否在活跃地使用我们的产品。通常会关注的活跃度指标包括 DAU、激活率、在线时长、登录客户端的比例等。

- DAU：指每日活跃用户总数，有些公司也会看 WAU（周活）、MAU（月活），在 B2C 领域这个指标更为常见。
- 激活率：指客户购买的所有账号中，有多少账号被激活，而不仅仅是创建了账号。
- 登录比例：指一个公司里全部的注册用户中，每天登录系统人数的比例。
- 在线时长：指用户每天在我们网站上停留的时长，或是打开我们产品的时长，通常也是每天统计。
- 登录客户端比例：指每天有多少比例的用户是通过 PC 端、App 端访问我们的产品。为什么要关注客户登录的平台呢？因为现在很多的软件都是 PC 端和 App 端相结合的，如果我们期望主推 App 端的功能，但客户在 App 端停留的时间很短，说明我们的用户场景并没有把控好。因此这个指标很多公司也会关注，对后续的产品发展具有指导意义。

2. 健康度

最初在我跟进客户的时候，我看的都是活跃度的相关指标。但是后期在和客户谈续约的时候，我发现有很多客户使用很活跃但是并没有续约。这说明活跃度高并不意味着黏性高。可能客户活跃使用的功能很容易被其他产品替代，也可能客户使用的功能并未与他们的业务有很好的结合，所以客户觉得购买产品没有太多价值。因此，为了更准确地反应客户的使用状况，我引入了健康度的概念。

健康度一定是基于活跃度的。可以想象，如果客户很不活跃，几乎不用我们的产品，他又怎么会健康、有黏性呢？对于健康度，除了活跃度指标外，一般我们看以下这几个方面。

- 客户是否使用了我们产品的核心模块。
- 客户使用产品模块的广度有多少。通常一个产品有不止一个功能，如果客户仅仅用到其中的一两个功能，则使用黏性也不算很高。
- 客户是否有第三方系统对接。如果有，接口调用的次数也可以反映出客户是否有很多业务数据在我们的产品中进行处理。

所以我们要判断客户的黏性，需要从活跃度和健康度这两个方向结合去判断。在这里给大家分享一下我对客户健康度的划分方式（见图 5-5）。

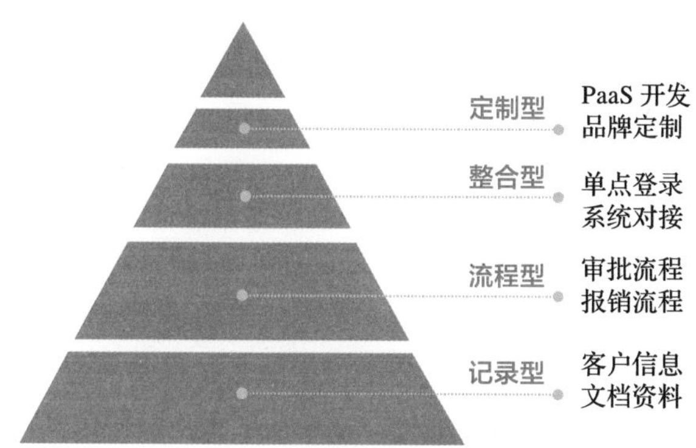

图 5-5　客户健康度的划分

从记录型到定制型，客户健康度越来越高，客户黏性越来越强。在这里，我以 CRM 软件为例，带领大家更直观地了解这 4

个层次健康度由低到高的变化。

（1）记录型健康度

客户用CRM软件记录资料，同时为了便于管理销售人员，要求销售人员在CRM系统中签到。客户的使用方式有一定的活跃度，因为销售每天都要签到，也录入了资料，有一定的数据沉淀。但是我认为并不算高健康度，我把这种使用方式定义为记录型健康度。管理资料这个事情客户用Excel表也可以做到，签到这件事情用微信也可以，所以客户只是用我们的系统做一些简单的数据记录工作，别的工具可以轻易地取代我们的产品。

（2）流程型健康度

客户将自己的业务流程放入我们的产品中。比如，销售人员每天在CRM系统中提交日报，领导批阅。销售人员在CRM系统中提交折扣审批，由主管领导、商务人员、财务人员审批。我将这种把工作流程迁移到系统上的方式，定义为流程型健康度，在这时，客户使用黏性已经有了一定程度的加深。

（3）整合型健康度

将我们的产品与客户其他现有的软件工具进行整合、对接和打通的方式就是整合性健康度。例如，我们将CRM软件和客户现有的财务系统打通，销售人员完成签约、下单后，订单信息直接进入财务系统记账。这样不仅帮助客户减少了人工输入的压力，降低了录入出错的可能性，也增加了客户的使用黏性。

（4）定制型健康度

根据客户的个性化需求，我们对产品进行一定程度的定制，以更加贴合该客户的使用场景。当然，对于SaaS产品，我所指的定制并不是完全的定制化开发，而是基于产品具备的 PaaS 扩展能力，在不破坏标准产品结构的情况下，进行一定程度的定制。为什么这是最有黏性的方式呢？因为需要定制的功能通常也是我们竞争对手不具备的。如果客户要选择其他供应商，就需要重新定制。所以定制化服务进一步增加了我们的产品与客户业务的结合度。

5.2.3　借助监控系统了解客户

为了更准确地判断用户黏性，需要借助数据监控系统，让系统告诉我们客户的使用情况和各项指标，帮助我们从中分析用户的活跃度和健康情况。否则，仅靠客户是否愿意和我们见面、客户平时和我们回复消息的热情程度来判断，是没有数据支撑的。数据监控系统要么是公司自己研发的，要么是从外面采购的，多数公司都会有这样一个系统。

数据监控系统主要从以下 3 方面帮助我们了解客户。

1. 客户使用产品的整体情况

通过数据监控系统，我们可以看到客户使用产品的整体情况。公司老板看的是公司所有客户的情况，客户成功经理或者运营的人员，看到的就是客户成功部门负责的这批客户的整体情况。以老板的视角为例，客户的总体情况帮助他了解目前公司的业务状况。他可以看到公司总客户量的增长趋势、总活跃用户的变化趋势、稳定活跃的客户占比情况，以及断约客户所占总体客户的比例等，以此了解公司的业务目前是否在向好的方向发展。

2. 单个客户的使用情况

除了看总体数据情况，我们还可以通过数据监控系统查看单个客户的具体数据，这样可以了解某一个客户，特别是战略客户的使用情况及趋势，判断目前他们是否活跃及我们对他们的服务是否有效。比如，我们可以查看该客户账号数的增长情况，活跃用户占比是否持续增加，哪些模块使用的比较高频，等等。通过查看该客户的具体数据，我们可以了解客户现在的使用黏性处于什么状态。

这里需要注意的是，了解单个客户的情况需要和客户的业务相结合。也就是说，你需要对你的客户有足够的了解，熟悉客户的业务及他们需要解决的问题，他们应该每天会有多少人频繁使用我们的产品、都会使用产品的哪些模块。要知道，并不是每一个客户都需要频繁使用我们产品的所有功能的。

3. 数据预警

数据监控系统的数据预警功能对客户成功经理的工作非常有帮助，即通过系统监控数据的变化，对客户成功经理发出预警。比如，Salesforce 很早就建立了自己的数据监控预警系统 EWS（Early Warning System），可以通过人为设定一些指标来提醒客户成功经理的工作方向。该系统帮助 Salesforce 成为世界上最伟大的 SaaS 公司之一。当然，我建议预警是对正向或负向的趋势都进行预警。举个简单的例子，有个客户原本只买了 10 个账号，是一个小微客户。但随着该客户的持续购买，逐步增加到 50 个账号的时候，数据监控系统需要对负责该客户的客户成功经理有一个预警提示，告诉他这个客户已经增大到一定规模，需要投入更多的关注。

预警通常是对数据出现剧烈变化的提示。这个剧烈变化包括数据上涨很剧烈，或是数据下降很剧烈。另外，我们要通过数据监控系统设定合理的阈值，让系统对我们的日常工作进行提前通知，提醒我们需要马上进入特定的工作状态。比如客户活跃度低于 20%，表明客户处于流失边缘，系统应提示客户成功经理立刻对其进行挽救。

5.3　正式服务客户前的 2 项准备工作

了解客户信息、判断客户的黏性，通过数据监控系统观察客户的使用情况，都是为客户成功经理有针对性地服务客户进行的准备工作。当这些准备工作做好之后，客户成功经理就可以开始与客户联系了，开始进入正式的服务阶段。

正式的服务开始前，客户成功经理还需要做 2 项准备工作：客户成功标准和客户成功计划（见图 5-6）。不过这是需要同客户一起准备的。

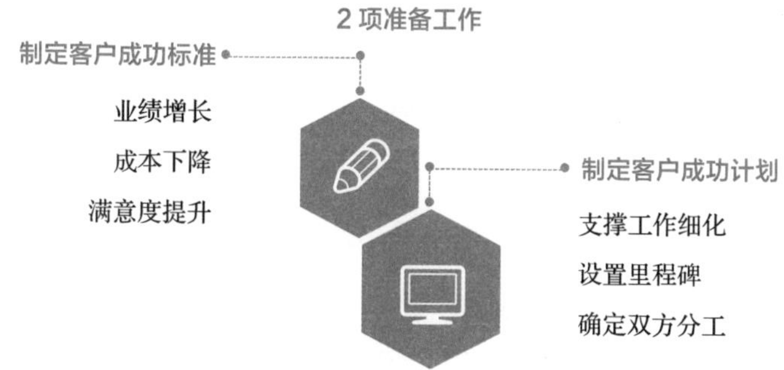

图 5-6　正式服务客户前的 2 项准备工作

5.3.1 制定客户成功标准

客户成功标准是客户成功经理同客户一起制定的产品使用效果和价值的量化指标。这个指标对于客户成功经理和客户来讲都非常重要，特别是对于客户来说，如何体现他们购买产品后对于工作的改善和业务的提升？没有比量化的指标更好的体现方式了。这个标准并不是拍脑袋随便制定的，而是通过细化业务、综合分析市场行情后定下的合理指标。指标确定后，再转化为产品中可以执行的方案。

客户成功标准通常有 3 个，下面我们通过一些例子来更好地理解这 3 个客户成功标准。

1. 业绩的增长

客户购买 CRM 软件是为了提升销售业绩。但是我们在制定成功标准时，并不是简单地和客户一起制定销售业绩的目标，而是要根据客户的业务对目标背后的支撑工作进行拆解，从而制定出一个较为合理的标准。例如，客户希望公司销售业绩有所提升，那么目前销售业绩无法提升的问题在哪里呢？客户成功经理通过和客户一起分析后发现，是销售线索到成交订单的转化率较低造成了业绩无法快速提升。所以，此处更合理的做法是帮助客户提升销售线索转化率。

经过数据分析，客户目前的销售线索到成交的转化率为 5%，而根据数据统计可以了解到，该客户所在行业的平均线索转化率为 10%。我们可以和客户一起制定成功标准为：将销售线索转化率提升至 10%。同时，这个目标也不是一蹴而就的，我们需要分阶段帮助客户逐步提升销售线索转化率。例如，第一季度将转化率提升至 6%、第二季度提升至 8%、第三季度提升至 9%、第四季度提升至 10%。我们双方共同制定提升目标和计划，可以帮助客户以量化的方式了解产品给他带来的业绩提升。

2. 成本的下降

很多客户购买软件产品也是为了降低公司的投入成本。举一个典型的例子，有个客户会在各种媒体、网站等渠道投广告。在没有软件提供客观数据支撑的情况下，每个渠道的投入成本是平均分配的，无的放矢。同时，该行业中其他客户每年广告预算平均只有该客户的 90%。于是客户希望能够在结果不变的情况下，将广告预算降低 10%。我们作为广告效果追踪软件的服务商，向客户提供了我们的软件。我们的产品可以帮助客户分析哪些媒体 / 网站渠道的关注度更高、用户点击量更大、引流的用户数量更多。对于那些关注度低、带来客户数量有限的渠道，客户就可以考虑不再投放，这样就帮客户省下了不必要的广告费用。

3. 员工满意度的提升

有些产品并不能直接带来销售业绩的提升或运营成本的降低，但是可以带来员工满意度的提升。例如我之前遇到过的一个案例。有一家公司的报销流程是通过纸质单据流转的，流程非常复杂，报销票据提交以后通常需要 4 个月的时间，报销款项才可以进入员工的账户。因此在进行员工满意度调查时，关于报销这一项满意度只有 30%。公司会担心因此造成员工的流失，希望提升员工的满意度。我们为客户提供了在线报销系统的解决方案，实现了审批在线流转，可以将员工报销周期从 4 个月缩短到 1 个月内。在此基础上，我们和客户一起将员工关于报销的满意度目标制定为了 70%。

5.3.2 制定客户成功计划

完成客户成功标准制定后，下一件需要做的事是和客户一起制定成功计划，即双方如何一起将上面制定的成功标准实现。通常，我们制定的客户成功计划以一年为期限。

客户成功计划是接下来一年的目标实现计划，包括以下几个方面。

1. 成功标准的支撑工作细化

在确定客户成功标准后，客户成功经理需要做很多的前置工作将工作进一步细化。例如上文我们提到客户希望通过优化报销流程来提升员工满意度。客户成功经理需要做一些前置工作来支撑这个项目。首先需要了解客户目前的报销流程，分析导致流程需要 4 个月周期的原因、是否有些环节可以省略或者优化、报销系统中的审批流程如何与客户的真实组织架构相匹配、将报销流程从纸质单据转为线上审批是否会产生风险等。这些内容都是客户成功经理需要进行细化和完成的工作。

2. 设置关键任务及里程碑

将工作拆分、细化后，有些重要的事件需要设置为里程碑，同时确定完成的时间点。例如，报销系统需要在哪天上线、试运行多久、哪天正式上线，全面停止原有报销流程、下次员工满意度调查的时间。还有在整个这一年项目实施过程中，客户成功经理和客户双方有哪些固定要进行的会议，确定会议的议题及参与人，这些也需要在成功计划中确定。

3. 双方人员的分工

很多事情的推进是需要客户方人员大力配合的，所以其实这里更需要确定的是客户方人员的分工。例如员工满意度调查由哪个部门组织、报销流程的优化由哪个角色来确认、系统上线后通知由谁来发、上线后的培训由哪个部门组织等，这些也都需要在成功计划中确定。

虽然针对每个客户的成功计划内容都不一样，但是确定了以上 3 点内容后，一个可执行的计划基本就成型了。

5.4　使用推广及优化

前面提到，通常客户的生命周期被大家分为 5 个阶段：签约购买——实施交付——内部推广——稳定使用——续约沟通（再次回到签约购买）。对于客户成功经理来说，需要投入精力最多的是“内部推广”和“稳定使用”这两个阶段。下面我分别介绍一下在这两个阶段客户成功经理都会做哪些事情。

5.4.1　内部推广

客户在稳定使用购买的产品并养成使用习惯之前，大多数会经历一个内部推广阶段，目的就是要确保我们提供的产品或是解决方案能够逐步进入到一个平稳的被用户接受的阶段（见图 5-7）。

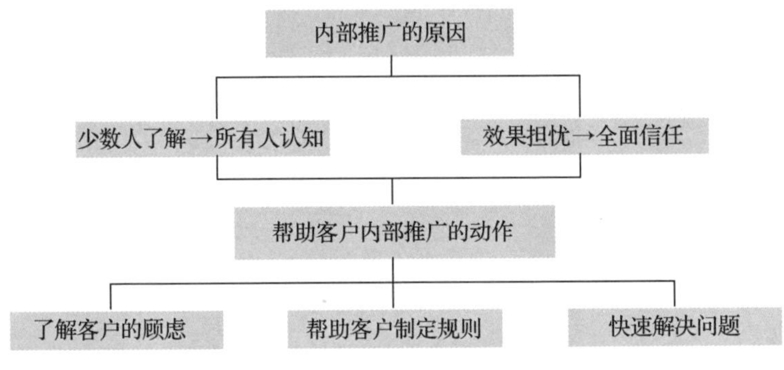

图 5-7　客户内部推广的原因及动作

为什么会有内部推广的过程呢？主要有以下两个原因。

第一，在早期的签约购买、实施交付环节中，客户成功经理接触的仅仅是客户方的一小部分人员，接下来这个产品是要让公司内某一特定人群甚至是全公司使用的，因此产品一定会经历从小部分人使用到大部分人使用的扩散过程。

第二，即使有些公司和我们已经签约，公司的决策者对使用效果仍然会有些担忧。所以往往会先以一个小团队作为产品试点，达到预期效果后，再推广到全公司。特别是集团性的公司，通常是以一个分公司为试点，然后推广到五六个分公司，最后推广到所有分公司。

作为客户成功经理，该如何帮助客户进行平稳的内部推广呢？

第一，要了解客户的顾虑。内部推广的过程其实就是帮助客户培养使用习惯的过程。我们做的是 B2B 的业务，购买产品的决策者通常是某一部门的负责人或者企业老板。他们选购我们产品的时候，会很认可和了解我们的产品和解决方案，但是公司里面其他人可能都没有听说过我们。同时，客户在采用我们的产品之前，也是有一个固定的工作模式的，使用新产品意味着工作习惯的改变，改变习惯是个痛苦的过程。因此对于购买决策者来说，即便是 CEO 也是有压力的。他会担心他认可的这个产品是否能被所有人认可，是否所有人都用起来很舒服。如果强制大家使用这个产品，会不会不仅没有达到预期效果，反而让大家增加了工作量、怨声载道。这样对于老板来说，他也会非常难受，所以客户成功经理需要了解客户这一层面的心理，才能更好地去帮助购买决策者进行内部推广。

第二，帮助客户制定合理的规章制度和奖惩机制。有时候推广是需要配合规章制度和奖惩机制进行的，通过一定的规则强制大家改变习惯，然后再逐步适应新的习惯。客户成功经理可以根据多年积累的经验，帮助客户制定合理的新规章制度。同时，也会配合一些奖惩措施。例如，公司选购了一款打卡软件，不再需要指纹机打卡了。这时新的考勤规章制度和奖惩措施都需要明确：员工忘了打卡怎么办，打卡迟到了怎么办，借口软件出故障没有打上怎么办，等等。

第三，服务方面需要快速响应，快速解决客户问题。当推广者遇到问题的时候，客户成功经理一定要快速帮他解决问题。因为在改变习惯的时候，人们会习惯性地找理由去反抗，如果问题得不到快速解决，就会成为某些人不愿意接受新事物的理由。问题处理的时间拉得太长，会对内部推广造成影响。如果推广过程中客户总是反馈遇到操作类的问题，如产品不会用，那么客户成功经理需要通过组织一些培训、准备方便查阅的帮助手册等手段来帮助用户快速学习、上手使用产品。

5.4.2 稳定使用及优化

如果客户已经顺利完成了内部推广过程，就会进入一个较长时期的平稳使用过程。什么情况下客户成功经理算是把工作做到位了呢？到位通常会有以下几个表现。

- 客户健康度上升到一个较高的水平且保持稳定。
- 项目达到了之前和客户约定的成功标准。
- 客户满意度调查给予很高的评分。
- 客情关系好，体现在客户愿意做产品的客户成功案例，或者积极参与相关市场活动，为我们的产品站台。

以上这些都是在稳定使用阶段客户成功经理做的工作足够好会取得的成果。

客户成功经理需要在客户稳定使用阶段如何做，才能最大限度地维持客户的高满意度呢？在这个时期内，客户成功经理要做的事情很多。面向不同类型的客户，客户成功经理需要提供的服务也会有所不同。通常情况下，战略客户，作为公司最重要的客户群体，客户成功经理提供的服务也是最多最细致的；对于普通的企业客户，客户成功经理提供的服务内容相比战略客户的会略有减少；而对于不需要过多关注的客户，客户成功经理通常会提供少量的服务或者不主动提供服务，尽量让客户自助服务。那么接下来我们来分别看一下这 3 个层次的服务包含的内容和工作（见图 5-8）。

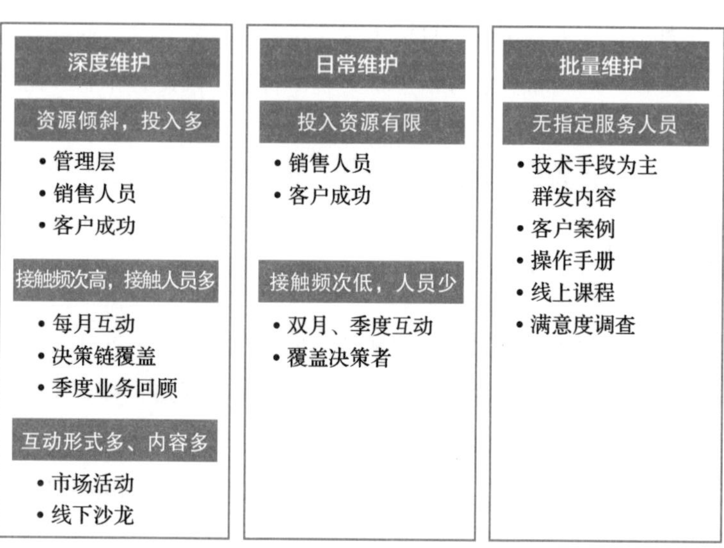

图 5-8　不同服务类型的工作和内容

1. 战略客户的深度维护

深度维护的“深度”通常体现在以下 3 点。

（1）资源倾斜，投入人员多

对于战略客户，我们可以说是全员参与服务。什么叫全员参与呢？就是所有能够支持这个客户的角色都要参与到这个客户的日常维护中，包括但不限于客户成功部门的最高负责人、客户成功主管、客户成功经理、销售部门的最高负责人、销售的区域负责人以及负责该客户的销售经理。对于客户成功团队来讲，战略客户的续约金额通常会占到很高的比例，绝对不能流失，所以客户成功团队的相关人员都要参与进来。

同时，标杆客户在其所属行业里通常会起到风向标的作用，所以对于销售人员来讲，目标不仅仅是签这一家客户，而是签完这一家客户后，希望能够借势覆盖整个行业，因此这个客户的评价对于销售和整个公司都非常重要，销售部门的相关人员也要参与到战略客户的日常维护中。另外，由于战略客户具有一定的行业代表性，因此对于他们的需求，产品研发部门也需要更快速地响应，在一定程度上也会参与到客户的后期维护中。

（2）接触客户频次高，接触客户人员多

我们先说为什么接触客户人员多。战略客户，即 KA 客户（关键客户）通常是规模较大的公司，甚至是集团公司。他们每个部门、每个 BU（业务线）或者每个分公司都会有相应的总裁、总经理等决策人。虽然在客户的签约购买过程中，我们已经接触过决策链上的大部分角色，甚至是集团总裁，但是不同业务线负责人的业务诉求和面对的挑战不是一致的，能否解决这些人的问题，也会直接决定我们的产品是否能够在这些部门、分公司顺利推行。大的公司通常也会有 CIO 和自己的 IT 团队，和他们良好的配合也是我们产品能够融入客户现有 IT 体系的关键。

再来说接触客户频次高。高频次的接触会包括哪些呢？需要明确的是，对于重要客户的服务，我推荐尽量采用面对面的方式接触。

系统上线后，我们开始第一阶段回访。通常在系统上线的第一个月期间内，是内部推广时期。在这个阶段，客户成功经理每周会以电话沟通或者当面拜访的形式，了解产品目前在客户内部的推广状态，以便随时随地提供帮助。

一个月的推广期过去之后，在客户平稳使用的过程中，客户成功经理会以较为固定的频次对客户进行服务和回访，主要内容包含两部分：

- 每月一次的固定回访；
- 每季度一次的业务回顾。

固定回访通常包括的内容有：和客户每个部门的负责人进行一次面对面沟通，了解他们所管辖的部门痛点的解决情况；了解是否有新的痛点出现，需要配合新的解决方案；他们在近一个月左右的时间的用户体验什么样；给客户的管理层传递其所在行业的精品客户案例和推广方法，也称为最佳实践；有时如果恰逢产品升级，则在回访过程中向客户介绍此次升级中与他们有关的内容。

每季度的业务回顾会以较为正式的会议的方式进行，邀请双方高层出席会议。该会议主要向客户方的各层管理者汇报如下 3 方面内容。

- 目前产品的使用情况。这是客户成功经理可以从数据统计系统拿到的真实数据，例如客户已经激活的账号数、已经使用的存储空间、用户在线时长、用户使用了哪些功能模块、使用的程度大概在平均水平的哪个位置等。
- 客户重度使用的产品模块以及取得的效果。客户成功经理可以从后台看到客户高频次使用了哪些模块，这些模块给他们带来了什么样的效果，客户成功经理需要将这个效果量化出来，让客户感觉到他们重度使用的这些模块的的确确在解决他们最初的购买诉求，并且在朝着客户成功目标不断进步。

- 下一步计划。通常根据之前制定的客户成功计划制定下一步计划，确定为了达到进一步推广或者进一步提升效果的目的，双方下一个季度要一起做哪些工作和调整。有时也会和客户预告一下产品下个季度的发展方向和重要的功能。

（3）其他互动形式

除了上述的一些常规的拜访客户工作之外，客户成功经理还会和客户有其他的互动形式。由于战略客户通常在业内具有较高的知名度，所以客户成功经理会邀请他们来配合我们的市场宣传活动。例如年底举行老客户答谢会，邀请客户的 CEO 参与，请他们在答谢会上进行简短的演讲，分享他从选型到使用至今的感受和效果。战略客户的演讲可以起到很好的最佳实践推广效果。客户成功经理也可以和客户联合做一些在线的直播课程，介绍行业解决方案。还可以邀请客户到其他客户那边参观交流，帮助客户建立更多的上下游关系，等等。

到了客户合约到期前的 3 个月的时候，就要开始和客户讨论续约的事情了，准备启动续约的流程。

2. 普通企业客户的日常维护

接下来我们看一下对于普通企业客户，客户成功经理要做的日常维护包含哪些内容。可以想象，一定是战略客户维护内容的子集。但在这里我要提醒你注意，对于普通客户，我们需要关注客户的成长潜力。如果客户具有很好的增长潜力，客户成功经理需要投入更多的精力去关注它，不要把他们和一般的普通客户一视同仁地对待，因为这个客户随时有可能变为我们的战略客户。如果客户本身规模扩张得很快，或者客户在行业中的声望不断提升，都是具有很好增长潜力的、需要时刻关注的对象。

对于普通客户来讲，我们投入的资源就不会涉及像战略客户那么多的角色，仅涉及客户成功经理和销售经理。

客户成功经理对于普通客户的跟进频次会低于战略客户，通常是两个月左右进行一次电话跟进或者当面拜访。拜访也不会涉及客户的太多角色，因为普通客户的规模通常也不会特别大，客户成功经理通常可以直接拜访客户的决策人。

客户成功经理可以每两个月给客户发一次使用报告，其中包含客户的使用数据，客户所提的所有需求、问题的解决情况和进展、行业案例和最佳实践。产品发布新版本之后，客户成功经理会及时给客户发送最新版本的使用指南。业务回顾会议通常是半年开一次，所以在一年的使用周期中，开两次业务回顾会议即可。

客户成功经理在合同续约前的一个季度可以与客户联系得频繁些，每个月进行一次电话或线下回访来保证续约的顺利进行。

3. 非关注客户的批量维护

对于小微客户这个群体，通常客户数量非常多，但给我们贡献的收入又非常少，所以客户成功经理通常是以批量维护的方式来进行服务。甚至不提供主动服务，让客户根据我们的产品操作手册或者帮助中心的内容进行自助系统搭建和学习。

客户成功经理每个月以群发的方式，批量给小微客户发送我们的客户案例和最佳实践。产品新功能发布后，向客户群发新功能介绍。每个季度批量给这些客户发送我们总结的产品使用小技巧。半年对这些客户进行一次批量的满意度调查。

通过以上几点来使客户获取到产品的最新信息即可。同时，客户成功经理会定期举行线上公开课，课程采用直播或录播的形式，并且支持回放观看，以更生动的形式帮助小微客户了解、学习产品使用。

在客户的合同到期的前一个月左右，客户成功经理会主动联系客户进行续约沟通。这些客户即便是不续约对我们的收入影响也不大，所以续约沟通方面客户成功经理也不必投入太多的人力和精力。

对于不需要过多关注的客户，就以上述批量方式进行维护，这样才能做到以合理的资源投入覆盖更多的客户。

4. 客户维护的重要交付物

前面有提到一个名词叫最佳实践。什么是最佳实践呢？最佳实践并不是一个完整的客户案例，也不是行业解决方案。最佳实践通常是将客户某一个常见的场景提炼出来，表达在该场景下可以如何应用我们的产品来达到最佳的效果。最佳实践通常不会太长，目的是让客户快速映射到自己的日常工作中。最佳实践是真实的，可以直接来自客户。

客户成功经理可以按以下 3 个步骤来打造我们的最佳实践。

（1）确定主题

客户成功经理将产品可以带给客户的价值归纳出来，将每个价值和客户的实际使用场景进行匹配，然后将匹配的每个场景作为一个主题。

（2）我们需要去采访客户

客户成功经理拿着确定好的主题场景，去采访各个客户，了解客户在该场景下内部做了哪些工作，如何将这个价值点呈现出来的，客户成功经理把这些客户的真实使用情况记录下来。

（3）进行包装和优化

客户成功经理通过包装和优化让这个最佳实践能够更具有普适性，让更多的客户产生共鸣。最佳实践的内容需要清晰阐述能解决什么问题、客户采用了什么方法、最终得到了什么结果，以这样一个三段式的结构将最佳实践呈现在客户面前。

在这里和大家分享一个最佳实践的打造案例。

以 CRM 软件为例，我们可以找出几个典型的价值点，比如销售流程管理、折扣管理、销售行为管理等等。客户成功经理去拜访客户的时候，都会和每个客户的销售管理者聊一聊，针对销售行为管理了解客户他们是怎么做的。其中，我通过和一个客户的沟通，了解到一个很有意思的场景。客户为了避免销售人员进行恶意的客户报备（占坑）行为，要求销售人员在 CRM 系统中上传客户公司 CEO 的名片才算报备成功。这样就很好地避免有些销售要小聪明，把他知道但没有建立联系的一些重要的客户名称预先在系统中报备，这样的行为会形成销售团队内部恶意的资源竞争的现象。当时我们就把这个场景记录了下来，并把这个场景包装成了一个“如何杜绝虚假报备”的最佳实践。当我们把这个实践传递给其他的客户的时候，他们也很快就领悟了，从而让他们感知到 CRM 系统对业务的一个小帮助。

第 6 章 CHAPTER

将解决方案交付给客户

“实施交付”这个名词，在传统 ERP 软件领域十分常见。接触过 ERP 的人都知道，实施交付是一个重投入、长周期的项目。ERP 实施交付动辄半年，有的甚至需要 3 年才能完成。

什么是实施交付呢？

实施交付其实是使客户需求与产品功能相匹配，输出可以执行的解决方案的过程。很多人以为 SaaS 产品都是不需要实施的，这种认知是错误的。产品是否需要实施，取决于产品的复杂程度。简单的产品，例如微信，用户安装后即可操作，的确无须实施。但是对于财务系统、营销软件等产品，需要进行配置、改造甚至定制化才可以使用，即便是 SaaS 产品，也需要实施才能交付。有些公司有专职的实施顾问，有些公司的实施工作由客户成功经理完成。

接下来我们一起了解实施交付阶段的目标，看看客户成功经理在整个实施交付周期中需要做哪些事情。

6.1 如何有效地交接客户

在 5.2.1 节中提到了客户成功经理接手一个客户需要了解哪些信息。为了保障交付的准确性，销售人员要对交付客户的全部信息进行梳理并传递给售后团队。

6.1.1 从销售到售后，销售人员应该移交哪些内容

为了保障交接客户信息的完整性，建议销售人员和客户成功经理梳理出一个交接单，在交接单中应清楚列明需要交接的内容及事项，避免遗漏。

最基本的交接单应包含客户重要人员信息、客户主要需求，以及双方的承诺，分别如表 6-1、表 6-2 及表 6-3 所示，交接单的内容和形式应根据实际要求重新绘制。

销售人员在整理客户重要人员信息时，应包含客户购买决策链中涉及的所有人员，除了他们的姓名、职位、联系方式等基本信息外，更重要的是理清他们对应的角色，以帮助客户成功经理在后续服务中有主次地进行沟通。典型的角色包括决策人、项目

发起者、选型人、内部支持者、反对者等。同时，在交接单中还需要包括他们每个人的性格特点，便于客户成功经理更深入地了解对方。

表 6-1　客户重要人员信息表示例

关键联络人信息项	关键联络人信息
姓名	老王
角色	选型人（项目发起人、决策人）
职位	市场部经理
联系方式	135********
性格、爱好描述	内部对接人，为人有礼貌

表 6-2　客户主要需求表示例

需求项	需求描述
客户组织架构描述	老板 – 市场总监 – 市场专员
主要使用部门及对应人数	市场部：5 人； 财务：1 人
购买的主要原因	无系统，产品用于客户跟进管理
最迫切需要解决的问题 1	协助人员用好系统，做好客户整理
最迫切需要解决的问题 2	无
对实施周期、实施人员的要求	无
实施顾问应注意的事项	无

客户主要需求表无须具体到客户对产品功能需求的层面，只需描述客户的业务目标或对产品的迫切期望即可，目标是为后续交付指明方向。表中需要包含使用产品的主要部门的组织架构及规模，以帮助客户成功经理了解服务的主要对象是哪些。此外，

销售人员应对客户的购买原因及最迫切要解决的问题进行详细描述，以便客户成功经理的后续工作直指"要害"。有些客户会对服务人员有一定的要求，例如英文水平要好、有过国企项目经验等，这些特殊需求也需要销售人员清晰地传达给客户成功经理，以便安排更符合客户要求的人员。

表 6-3　双方承诺表示例

承诺项	承诺描述
是否愿意提供文字证言	否
是否愿意拍证言视频	否
答应客户能实现的功能	销售线索管理
其他口头承诺及遗留问题	半年后新版功能上线，让客户做第一批免费试用者

双方承诺部分并非交接单的必要内容，但是如果销售人员在前期销售过程中和客户就某些事项达成了一致，则需要传递给客户成功经理。表中需要包含我们对客户的承诺，如产品一定会包含哪些功能或者对客户有哪些特殊的服务承诺；也应包含客户对我们的承诺，如是否愿意帮助我们宣传。

有时客户会要求把交付的内容作为承诺体现在合同里，这时候客户成功经理会和客户一起准备工作说明书——SOW（Statement of Work）。

SOW 的定义是：详细规定合同双方在合同期内应完成的工作，如方案的论证、设计、分析、试验，以及产品的品控、可靠性、维修、保障性、标准化、计量保证等内容，还应明确向对方提供的交付物，如接口控制文件、硬件、软件、技术报告、图纸等，以及何时进行何种评审等。

因此，SOW 是以契约性文件的形式进一步明确客户的需求和承制方为实现客户需求必须开展的工作，它使产品的管理和质量保证建立在法律依据上，是合同甲方（客户）对乙方（承制单位）进行质量监控的有力工具。

SOW 是对双方的约束，将项目要做哪些内容、达到什么标准结束，都规定得清清楚楚。特别是对于乙方，通过 SOW 可以有效避免客户签订合同后不断加需求、改要求的情况，是对承制单位很好的保障。所以如果有可能，建议每个项目都有 SOW，这样可以把每个项目都做得非常规范。当然，在实际工作中，往往只有周期长、成本高、投入大的项目，双方才会签订 SOW。

6.1.2　客户成功团队如何介入交付

客户成功团队的介入是交接工作的开始。建议在销售人员的引荐下，客户成功经理与客户进行面对面交付，实施步骤分为对内和对外两步。

第一步，客户成功团队召开小型交接会议，主要由销售人员和客户成功经理参加，销售人员将交接信息传递给客户成功经理，并确保无遗漏，确保客户成功经理无疑问。

第二步，由销售人员将客户成功经理引荐给客户方的关键角色。该角色在购买过程中已经和销售人员建立了很深的信任，但是对客户成功经理一无所知，销售人员当面将客户成功经理引荐给对方，并告诉对方客户成功经理将承担的工作内容，这样可协助客户成功经理与对方的关键角色建立联系和信任。对于战略客户的交付，一定要面对面交接。在精力有限的情况下，对于普通的企业客户和非关键客户，也可以借助 CRM 系统或者邮件进行书面交接和建立联系。

客户成功团队应在什么时间节点介入客户交付呢？

客户成功团队通常会在销售与客户完成签约甚至客户付款后（有时是支付首期款后），才会开始和客户接触并提供服务。但是，对于需要签订 SOW 的客户，客户成功团队会在签约完成前介入。目的是详细了解客户需求，评估实施方案，并形成最终可以执行的且双方认可的 SOW。如果此时客户成功团队不介入，则编写 SOW 和最终执行的不是一个团队，会带来项目无法如约交付的风险。客户成功团队提前介入，有助于提前控制客户的预期，避免因为销售人员过度承诺造成后期扯皮和客户满意度下降。

读到这里你可能会有一些疑惑：交付是否一定需要实施顾问参与呢？

实施顾问的角色定位就是确保项目顺利实施交付。实施顾问最重要的能力就是解决方案的输出以及项目管理。所以对于一些功能较多、解决方案相对复杂、项目实施周期较长的产品，如核心人力系统或者大型的 ERP 系统，都需要由专职的实施顾问进行项目交付。而对于上手简单、学习成本低的产品，比如聊天软件、云盘工具，不需要太复杂的实施过程，通常会由客户成功经理兼任实施顾问的角色进行轻量的项目交付。因此实施顾问并不是 SaaS 公司必备的职能，是否需要实施顾问参与，取决于产品和项目的复杂度。

6.2 成功交付的重要保障

项目交付是否成功，几乎直接决定了客户是否可以按照自己的需要将产品应用起来。这也决定了客户成功经理是否可以在保障客户现有使用情况的前提下，进一步推动客户深入使用产品，从而促成客户的二次购买和续约。所以项目成功交付，直接为续约奠定了基础。

如何保障项目的成功交付呢？我们一步一步来看。

6.2.1 召开项目启动会

俗话说得好，万事开头难。项目启动的第一步是召开项目启动会。很多人觉得项目启动会没有必要，只是个形式。这种说法并不准确。其实除了会议本身的内容外，启动会还会形成一种仪式感，它向甲乙双方，特别是甲方内部，传递一个重要信息：一个公司级别的正式项目启动了。所以项目启动会的召开，某种程度上影响了后续项目的开展以及甲方内部对产品的认同程度。项目启动会的会前准备、会议召开及会议效果如图 6-1 所示。

1. 会前准备

要开好项目启动会，前期的筹备工作需要做得非常到位。会议过程只是宣布项目启动的过程，而非讨论的过程。因此，会议的内容需要在会前就准备。下面介绍前期的准备工作。

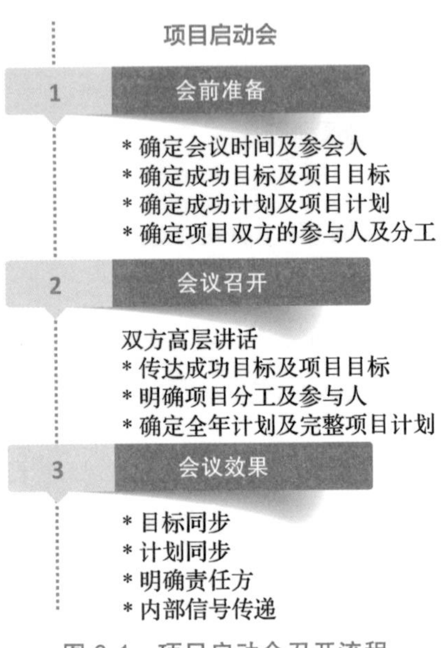

图 6-1　项目启动会召开流程

（1）确定会议时间及参会人

通常，乙方的销售人员会是项目启动会的组织者和发起者，因为目前只有他对客户方的人员最为熟悉。乙方需要参加项目启动会的人员包括销售人员、客户成功经理，如果是规模很大的项目，销售的主管领导、客户成功的主管领导，甚至乙方 CEO 或者 VP 都要参加。

而客户方决策链中的相关人员也需要参与项目启动会，特别是最终决策者，他可能是 CEO 或者某个事业部的总经理。另外将来会使用产品的各个业务部门的负责人和 IT 部门代表也应参加。

时间方面，选择一个双方出席的最高领导均可以参加的时间即可。特别是客户方的最高决策者，如果他无法出席，则启动就应改期。因为只有他出席，才可以传递出此为公司重要项目的信号。

（2）确定客户成功目标及项目目标

第 5 章提到了客户成功目标，而项目目标是客户成功目标的一部分。客户成功目标是整年的目标，而项目目标是项目结束时需要达到的目标，通常还是客户对项目进行验收的标准，也是在 SOW 中双方要达成一致的内容。

（3）确定客户成功计划及项目计划

除了全年的客户成功计划外，在项目计划上也需要双方达成一致，即项目的各个阶段、各个关键节点在何时完成。一个完整的项目通常包括需求调研、方案设计、系统配置、系统测试、数据初始化、系统培训等 6 个阶段。那么整个项目需要耗时多久，每个阶段需要在什么时间结束，双方需要提前达成一致，以确保项目可以按时交付。

（4）确定项目双方的参与人及分工

项目需要甲乙双方配合才能真正成功。特别是对客户来说，哪些人员要参与进来、哪些事情需要由客户方自己来完成，都是需要明确的。因为只有客户才能调动自己公司内部的资源，给予客户成功经理足够的支持来实施项目，所以很多事情必须由客户来做。而客户成功经理则需要根据自己的专业经验和知识给出建议，让客户了解哪些事情应该由他们完成，客户企业的哪些人员需要进入项目组。

2. 会议召开

完成以上 4 项会前准备工作后，就可以正式召开项目启动会了。项目启动会的流程通常也是 4 步：

1）双方高层讲话；

2）传达成功目标及项目目标；

3）明确项目分工及参与人；

4）确定全年计划及完整项目计划。

后面 3 步是在会议前就已经和客户达成一致的内容，在会议上正式的宣布即可。这里需要着重讲一下第 1 步：双方高层讲话。

客户方高层讲话的核心内容有 3 点：

1）表明公司对这个项目很重视，也很有决心，此事只许成功，不许失败；

2）让员工明确了解，在此事上公司的最高管理层有什么期待和目标，让所有执行团队对此目标和期待与公司达成一致；

3）要求自己的员工能够全力配合项目的推进。

承接方高层讲话的核心内容有两点：

1）明确甲乙双方在项目中扮演的角色以及要承担的责任，强调双方的利益和目标是一致的；

2）表明我方态度，表明我方会全力以赴帮助客户实现他们购买时的期望。

3. 会议效果

项目启动会主要应达到以下 4 点效果：

1）在项目启动会上将成功目标及项目目标同步给所有参会人员，避免在项目验收时双方因目标不一致而发生矛盾；

2）在项目启动会上向所有成员同步此项目的实施计划，减少其他项目参与成员的不合理预期，比如明确项目计划是两个月之后上线，这样就不会有人希望在一周内就用上这个系统；

3）在项目启动会议上明确双方的参与人和对应的责任人，这样方便在项目实施过程中找到对应的负责人以寻求支持；

4）通过项目启动会议的召开，可以向客户传递一个信息，即项目正式开始了，贵公司领导也参与其中，所以大家都要积极配合并行动起来。

6.2.2　确保项目成功上线的 4 要素

甲乙双方都希望项目能够顺利推进、平稳上线，并期待在接下来的时间中产品可以不断地提升效果、持续发挥使用价值。这个期望是否可以达成，是由以下 4 个关键因素决定的（见图 6-2）。

1. 项目启动会召开，且高层参与

召开项目启动会，其实更重要的意义是产生仪式感，在时间、人力、资源条件都允许的情况下，建议每一个项目都召开项

目启动会。如果客户方的决策人行程有变，不能如期参加会议，建议改期召开，不要按照原计划在没有客户方高层参与的情况下召开启动会，因为这就失去了项目启动会的意义。

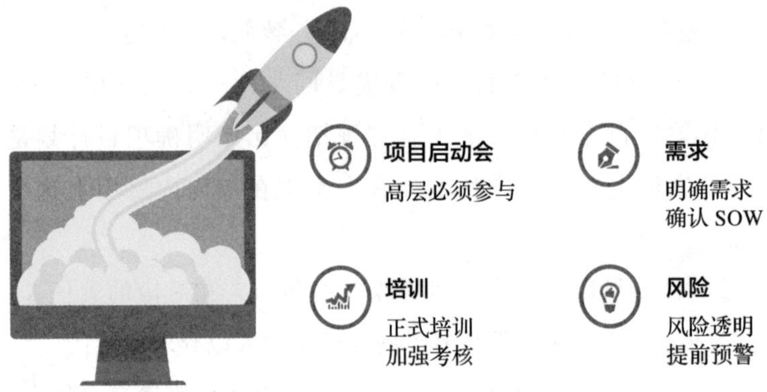

图 6-2　项目成功上线的 4 要素

项目启动会的内容要在召开之前和客户方达成一致，会议中仅是对这些内容进行传达，并不是在会上讨论这些内容。项目启动会的作用是为项目顺利进行做好铺垫工作。

2. 把控好客户需求及需求的优先级

把握不准客户的需求或者对需求的优先级没有合理安排，很容易造成项目产出与客户期望有偏差，甚至导致项目失败，无法达成目标。要想把控好客户需求及合理制定需求优先级，客户成功经理可以从以下 4 方面着手。

（1）区分客户的“需求”和“要求”

例如，客户有两栋楼——A 楼和 B 楼。客户想让我们在两栋楼中间架一座桥。这就是“要求”。而客户的需求就是希望在 A 楼与 B 楼之间通过架桥、地下通道、索道等方式往返。我们作为解决方案的输出者，一定要找到客户真正的“需求”，并找出最优解。

（2）引导客户把需求变得更加明确，以减少闭门造车和返工的可能

客户提出需求后，客户成功经理要先和客户复述一下该需求，这并不是简单的语言重复，而是让客户确认该需求期望的结果，使我们的认知和客户的认知达成一致。然后，制定初步解决方案及该解决方案会产出的结果，并把结果告诉客户，让客户再次确认该结果是否是他想要的。如果是，我们再继续沿着此方向前进。

（3）不要超出项目的实施范围，即只做 SOW 中明确的内容

当客户提出 SOW 范围之外的需求，我们需要把这些需求的优先级降低，甚至放在项目二期中再做，从而确保 SOW 中的关键内容可以顺利交付。因为 SOW 不仅具有合同的约束力，而且可以明确主要需求。参与 SOW 制定的是客户方的核心决策层，所以其中的内容一定是他们最迫切需要的。

（4）把握核心人员的核心需求

产品的设计和解决方案的交付要以解决客户核心问题为主要方向，能顺应该方向和目标的需求就是核心需求。不影响核心流程，仅仅是体验改善方面的需求，都是非核心需求。需求优先级应以部门负责人为核心。因为部门负责人是有清晰业务诉求的，有他想达成的结果；而使用人员的需求通常是改善日

常使用体验的需求，不能按时完成这些需求，可能会对项目成果造成一定的影响，但并不致命。作为 B2B 解决方案的提供方，最终要实现的一定是负责人所期待的结果，所以要自上而下地收集需求。

3. 项目风险透明

每个项目都可能存在各种各样的风险。除了风险出现时立即补救外，提前预知和通报潜在风险，是预防风险和确保项目顺利进展更有效的手段。很多项目负责人喜欢将风险隐藏，让领导感觉项目一切顺利，但是当风险实在控制不住的时候，会给领导带来“意外惊喜”，而且因为那个时候风险已经很难控制，所以项目会超期、超预算，甚至失败已经不可避免了。

作为项目的交付方，我们要对风险进行明确的预警和分析，提前告知客户在项目的每个阶段可能会出现什么类型的风险，双方该如何应对。当风险真正出现时，客户成功经理在每周的项目周报中要将风险作为重点通报内容明示，在周会中重点讨论该风险产生的原因及解决方案，并明确解决该风险的责任人及解决计划，每周对解决进度进行核查。这样可确保整个项目组都了解风险，并且整个项目组可以同心协力解决风险。

4. 做好产品培训

作为服务团队的管理者，我在进行数据分析的时候发现，90% 的客户咨询都不是软件本身出了故障，而是简单操作问题，例如：哪里下载、如何注册、找不到某个功能等。即便是产品做得再简单，也会有人不断咨询此类问题。作为 B2B 产品和服务提供者，我们的产品需要保障客户日常工作能更顺畅地进行，而此类操作问题导致工作无法开展，将会引起客户的不满。我们该如何避免问题的发生并优化项目呢?

将产品培训做好，可以较好地解决以上问题。我们要做好产品使用培训。为确保培训效果，需要从培训的 3 个阶段入手。

- **在培训前：**我们需要客户从公司层面正式向员工发出培训通知。要注意，不是我们发，是客户发，而且要正式通知，把培训当作公司的一次正式会议。
- **在培训时：**提醒客户做好培训当天的考勤工作，避免因为参与度低导致培训效果不佳。与此同时，可以要求各个业务的负责人也参与到培训中来，因为他们参与且听得很认真，可以起到表率作用，这样其他一线人员也会很认真地参与到培训中，从而保证培训的质量。
- **在培训后：**一定要进行相应的考核，避免培训只是走过场。该考核的成绩一定要和员工绩效挂钩，部门的考核成绩要和部门主管的绩效挂钩，避免考试结果不痛不痒。因为我们培训的目的是让客户在接下来的工作中顺利地得到更好的使用效果，所以员工积极参与培训并通过我们的考核是达到上岗要求的保障。

其实最好的培训方式并不是我们一次又一次反复讲解操作方法，而是我们把客户中的部分关键角色培养成我们的讲师，由他们来对其他员工进行培训。因为他们是来自客户方内部的人员，和参与者的关系更密切，由他们输出的培训内容更贴近客户方的日常交流方式，所以这样的培训效果更好。同时，建议将培训内容做成录像，因为避免不了有人员缺席培训或是培训后有新员工加入，后期可以将培训录像发送给这些人员让其自学并完成考核。

6.2.3　项目交付中的合理分工与配合

项目的顺利推进和成功交付，并不是我方可以独立完成的，需要客户和我方配合、分工协作。同时，为了确保项目的每一项工作都可以落到实处，对于项目中双方人员承担的角色需要有清晰划分，每个角色需要有对应的责任人将这份责任承担起来。

表 6-4 所示是一个典型的软件实施项目分工表，包含了双方的角色、职责、责任人及参与人。甲方的分工中，需要明确指定内部的项目经理或者对接人，负责协调甲方内部的资源及监督项目的整体进度。同时，需要明确甲方关键用户，这些用户需要全程参与项目交付过程，对乙方输出的解决方案、测试结果及后续的验收结果进行签收。关键用户通常来自甲方各个业务部门，因为他们更了解自己部门的业务诉求。

表 6-4　软件实施项目分工表

单位	角色	职责	责任人	参与人
甲方	项目管理委员会	1. 定期或不定期听取项目工作汇报 2. 对项目涉及的政策问题做出决定 3. 解决项目实施过程中涉及的重大问题 4. 按项目实施要求进行有关资源分配和工作授权		

（续）

单位	角色	职责	责任人	参与人
甲方	对接人 / 内部项目经理	1. 负责项目组所有资源（人员、设备）的调配 2. 负责甲方项目进度、质量的控制 3. 负责配合乙方项目经理开展工作 4. 决定对项目相关部门及责任人的奖惩		
	系统管理员	1. 负责处理系统运行方面的问题 2. 负责系统中权限的设定 / 分配等工作 3. 负责保障企业内部网络安全相关工作 4. 参与关键用户的培训，负责组织系统操作的培训		
	关键用户	1. 参与完成企业基本资料的准备工作 2. 参加系统操作的培训，必须掌握系统关键操作 3. 参与企业数据录入、规则落实、系统测试等关键环节的工作		
乙方	项目管理委员会	1. 定期或不定期进行项目工作汇报 2. 将项目涉及的政策问题反馈给甲方 3. 解决项目实施过程中涉及的重大问题 4. 按项目实施要求进行有关资源的分配和工作授权		
	项目经理	与甲方项目负责人配合，协调项目组成员，保证项目进度		
	实施顾问	1. 负责与客户进行业务沟通，制定解决方案 2. 负责客户系统培训，解决应用问题		
	支持顾问	负责支持项目实施工作及后续应用答疑		

6.2.4 处理客户的需求变更

客户需求有变更是项目中较为常见的情况，如果是在需求调研阶段发生的变更，不会对项目有太大的影响。但如果项目进入中后期，特别是完成系统开发并进入测试阶段才发生需求变更，可能会导致很多工作要推倒重建，这对项目的按时交付有极大影响。因此在客户提出需求变更时，客户成功经理需要及时告知客户可能存在的风险及相应处理办法，有时我们甚至可以拒绝某些不合理的需求变更。下面我们一起看看项目中后期出现需求变更的应对方法。

出现需求变更时，客户成功经理要立刻进行 3 次判断：

- 判断该需求是否是核心业务需求；
- 判断该需求变更的紧急程度；
- 判断为了满足该需求变更会增加的工作量。

通过以上 3 个判断，客户成功经理就可以有条不紊地处理客户的需求变更了。

1. 判断该需求变更是否是核心业务需求

我们可以从两个方面着手判断需求变更是否是核心业务需求：需求的提出者和需求是否影响关键业务流程。如果需求的提出者为客户方的高级管理者，且直接影响业务关键流程的执行，则认为该变更需求为核心需求。但若高层提出的是报表分析的需求，不直接影响业务执行，那这就是非核心需求。

2. 判断该需求变更的紧急程度

如果现在执行变更，马上可以帮客户解决很多问题，或者现在完成需求变更，在一段时间之后可以为客户带来非常好的效果；如果需求变更往后延迟，那这个错误会持续发酵，且会产生重要影响，或者是短期内可控，但是长期结果无法预料。如果是这样的情况，说明该需求变更是值得立即处理的。

3. 根据需求变更的内容评估工作量

如果是核心且紧急的需求，我们需要告知客户该工作量的增加会带来什么风险，比如项目会延期上线。同时，我们需要和客户签署增补合同，因为工作量的增加会造成我方人力成本的增加。如果是非核心或者非紧急的需求，在完成工作量的评估后，可建议客户在现有人力资源投入以及时间周期下，优先保障核心需求的实现；对于此次变更，可以放在项目上线之后再进行优化，或是放在项目二期再来实现。

6.3　项目上线阶段整理

6.3.1　项目关键交付物梳理

一个完整的项目，在项目的各个重要阶段都会有很多文件需要客户方进行确认和签署。项目结束后，这些文件均会作为该项目的交付物提交给客户方进行归档。除了前面提到的 SOW，以及项目启动会中的项目计划表、人员分工表外，常见的项目交付物还有以下 4 种。

1. 需求调研报告

在项目开始阶段，客户成功经理会调研客户方将来会使用产品的各个业务部门的需求，目的是详细了解他们的工作现状、正在使用的其他软件以及目前遇到的困难。客户成功经理需要根据客户工作现状绘制流程图，清晰地展示客户目前的工作流程以及其中涉及的软件工具。同时，客户成功经理需要了解客户对产品的想法和期望得到的结果。综合上述这些内容，形成完整的需求调研报告，并向客户各个业务部门的负责人进行汇报，确认调研内容的准确性。

2. 方案设计文档

根据需求调研报告中的内容，客户成功团队需要对客户目前遇到的困难予以解决。应将产品的解决方案与客户的问题一一匹配；同时，确定产品如何融入客户的日常工作；客户方现有系统中哪些功能会被我们的产品取代、哪些功能会与我们的产品进行整合。这些都会在方案设计文档中体现。我们需要将解决方案的工作流程以流程图的方式展现，并清晰标出需要在我们产品中完成的部分。

3. 测试报告

测试报告会结合方案设计文档的内容，对产品的每个功能、每个操作进行拆分，每个步骤会产生的预期结果都会体现在测试报告上。然后客户成功经理会挑选一些日常工作中会用到我们产品的客户方员工，由他们对每个功能进行试用，验证最终结果是否和方案设计中的预期结果一致。有时，IT 部门也会参与到系统的测试过程中，比如对系统的性能进行压力测试。

4. 验收报告

验收报告作为合同附件的一部分，在合同签订时双方即约定好了验收的方式及范围。验收范围一定是基于 SOW 制定的，验收的结果则是根据测试结果得出的。内容包括整个项目过程回顾、验收内容以及双方验收责任人签字。通常会由甲方 IT 部门和业务部门同时进行验收。IT 部门对系统的性能、安全性等进行验收；业务部门对系统的功能操作以及产生的结果进行验收。当验收通过后，验收报告需要客户方与我方责任人共同签字确认或者以邮件的形式书面确认验收通过。下面我们来看一个验收单的示例。

____________系统验收报告

建 立 日 期：2020-1-1

修 改 日 期：2020-1-4

客户项目经理：______________________________

日　　　期：______________________________

乙方项目经理：______________________________

日　　　期：______________________________

一、项目回顾

1. 项目实施周期

北京 ×× 股份有限公司（以下简称甲方）×× 项目自 2019 年 11 月 1 日启动至上线，历时近 30 天，经历了十余次集中讨论、确认，再讨论、再确认，并经过 3 场集中现场培训，于 2020 年 12 月 1 日正式上线。

2. 项目主要阶段

××项目自启动至验收历时 1 个月，在甲方及乙方双方领导的大力支持、双方项目组成员的辛勤努力下，先后完成了业务调研、方案确认、系统搭建、数据初始化、系统培训以及切换上线等阶段性任务，各阶段工作均按计划完成。

3. 系统主要上线模块

本项目以《××项目验收单》的要求为基准，对以下系统模块进行了实施交付：

功能 1；功能 2；功能 3；功能 4；功能 5……

二、运行状态

××软件已上线一个月，对上述模块的系统运行数据量统计如下（截至 2019 年 12 月 31 日）：

功能 1：现有数据 1000 条；

功能 2：现有数据 1000 条；

功能 3：现有数据 1000 条；

功能 4：现有数据 1000 条；

功能 5：现有数据 1000 条；

用户数据：导入 500 个用户，已激活 400 个。

三、持续支持

实施顾问，在项目上线后的两个月内，为客户提供一线技术支持，解决客户日常使用中遇到的操作问题，并协调公司其他资源为客户及时处理系统性问题或其他支持服务，如将产品的建设性功能纳入发版计划中，以及对产品新功能进行介绍。

同时，乙方将安排专属的客户成功经理在合同有效期内，持续为甲方服务。将来有任何问题，他将作为接口人，将需求、问题反馈给乙方的服务、产品和研发团队，并调动一切资源及时为甲方提供帮助。

技术支持热线：4000 *** ***（7×24 小时）

四、后期规划

产品的后期规划主要会沿着平台化和专业性两个方向发展。项目二期会将乙方产品与甲方现有人力资源系统打通，实现 ×× 系统中组织架构与人力资源系统同步，实现人员入离调转的自动更新。

五、项目验收

综合以上各方面的因素，项目组认为项目实施达到了预期效果，符合 SOW 管理要求。至此该项目的实施工作结束，同意对该项目验收。

对项目进行验收是对双方项目组实施工作成果的肯定。项目验收并不表示双方合作的结束，而是标志着双方合作新阶段的开始，希望北京 ×× 股份有限公司继续对北京 ×× 网络技术有限公司提出相应的意见或建议，我们也会一如既往地对北京 ×× 股份有限公司提出的意见或建议进行认真汇总、分析，在符合双方公司发展的基础上，最大限度地体现在新的产品中，从而为北京 ×× 股份有限公司提供最优质的支持和维护服务。

附件一：《×× 软件项目验收单》

________软件项目验收单（合同编号：********）

甲　　方：北京 ×× 股份有限公司

乙　　方：北京 ×× 网络技术有限公司

项目名称：××

验收情况：

验收项目	验收合格情况
功能 1	■合格　□不合格
功能 2	■合格　□不合格
功能 3	■合格　□不合格
功能 4	■合格　□不合格
功能 5	■合格　□不合格

备注：验收项目标准以《附件 2- 北京 ×× 股份有限公司项目 SOW》为准。

甲方：北京 ×× 股份有限公司	乙方：北京 ×× 网络技术有限公司
验收人签字： 盖　章： 日　期：	负责人签字： 盖　章： 日　期：

6.3.2 项目遗留问题的处理方式

本节分享一件客户成功经理在这个阶段必须要做的事：准备一个持续更新的问题清单（或者称需求及 Bug 清单）。

我对一句话非常认同：问题不会自己消失，但是客户会。首先，客户会遇到问题并向我们提出问题，这说明他们在使用我们的产品，并且期望我们能帮助他们解决问题。如果问题长期得不到解决，甚至我们都不在乎客户的问题，客户就会对我们失去信心、丧失耐心，最终“消失”。这就是为什么我们和客户初始接触时就要准备一个问题清单。

客户最喜欢时刻准备好响应和解决他们问题的服务者。当客户提出问题的时候，我们及时、快速地将问题记录下来，客户会觉得我们将他们的事情放在心上了。与此同时，正因为有这样一个问题列表，客户成功经理才可能做到持续追踪问题解决的进度以保证问题得以解决。任何时候我都可以将问题列表发给客户，向他们证明：他们提出的所有问题都记录在案，并且我们在不断地解决问题和改善服务。客户看到这个列表的时候，心里也会更加有底，对我们的服务和产品更加有信心。同时，客户也会明白，尽管有些问题现在暂未解决，但有人在负责，同时他们还可以了解到部分问题解决的进展，无须去猜测和反复催促。

在问题清单中，客户成功经理需要对客户提出的问题进行分类和描述，同时登记该问题提出的日期（见表 6-5）。厘清需求优先级非常重要，在人力资源有限的情况下，需要和客户达成一致，解决最紧急的问题。有时客户并不需要立即解决问题，但是需要了解问题解决的进度，所以清晰展示问题进展可以让客户有合理的预期。

表 6-5　问题清单

类型	内容描述	记录时间	优先级	进展阶段	责任人	执行 / 参与方	处理完成时间	备注
Bug/需求			p0 高优先级	排查中				
Bug	A 客户账号登录异常	4 月 30 号	p0 高优先级	已修复		研发部		需要和客户沟通 Bug 已修复
需求	B 客户希望能解决内部远程协作问题	4 月 29 号	p2 中优先级	排队中		产品部	5 月中旬	和 B 客户沟通预计解决时间

第 7 章 CHAPTER 7

二次销售及续约，生意的加速器

SaaS 作为一种在全球范围内被普遍看好的生意模式，其最大的魅力就是可以长期保持经济效益高速增长。高速增长的动力来自老客户持续为公司创造收入，此收入通常包含两部分：二次消费和续约。如果续约做得好，即便公司当年没有任何新客户，收入也可以和前一年持平。本章着重从二次销售和续费两方面进行探讨。

7.1 老客户挖掘

如果说新客户是不断为公司输血，那么老客户就是持续造血。随着公司业务不断发展，累计的老客户数量也会越来越多，如何不断开采老客户这个不断扩大的金矿，决定了公司是否可以在市场竞争中立于不败之地。老客户对我们的帮助很多，包括给我们带来新的商机、帮我们营造口碑并带来新的客户等。我们如何找到和转化老客户，以及如何把老客户变成我们的成功案例，是本小节要介绍的主要内容。

7.1.1 发掘老客户的新商机：二次销售的 3 种形式

很多公司都会强调二次销售的重要性，但是对于一线员工来讲，到底如何发现二次销售机会？什么情况下可以进行二次销售？在此之前，我们先来看一下二次销售的类型，如图 7-1 所示。二次销售通常有 3 种形式，且每种形式都有其相应的场景。

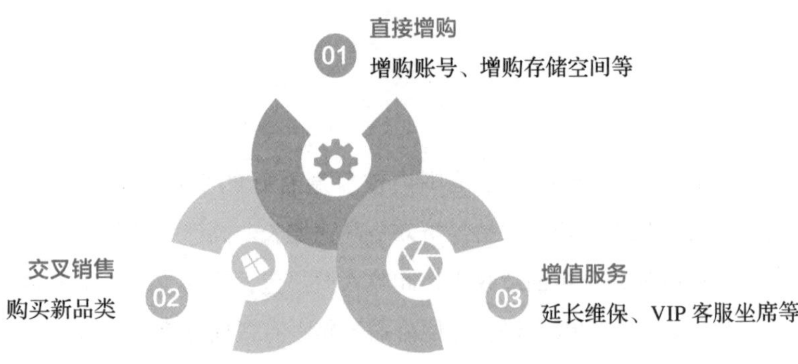

图 7-1 二次销售的 3 种类型

- 直接增购：直接增购是指客户在原有购买的基础上，再增加购买一部分。例如，常见的 CRM 软件都是按照使用人数收费的，而销售团队往往扩张速度较快，之前购买的名额很快就会用完。此时，为了新加入的销售人员可以继续使用软件，就需要按照增加的人数购买新的使用许可。

- **交叉销售**：交叉销售是指客户在原有购买的基础上，再次购买我们的新产品。例如，很多软件集成商都会同时销售多种产品，有的客户购买了邮件系统后，因为业务需要又购买了视频会议系统、文档管理系统等。
- **增值服务**：增值服务是指客户在原有购买的基础上，再次购买更高级的软件版本或者服务内容，以享受更优质的服务。例如，苹果手机通常情况下会针对产品质量问题提供 1 年的保修，但是你可以通过购买 Apple Care+ 对服务进行升级。购买之后，苹果公司就会将人为损坏也纳入保修范围，同时保修期限也从 1 年延长至 2 年。

了解以上 3 种情况后，我们就能较容易地识别客户的二次购买需求。每种类型的二次购买需求出现前，如果我们准备非常充分，都能提前发现一些征兆。

1. 直接增购

直接增购的需求会产生三种信号。

第一，客户购买的量已经接近饱和。例如，你的产品是按照用户数销售的，当所有的用户数都被激活时，证明客户购买的资源接近消耗完毕，所有的付费用户数都已经使用完了，再有任何人员的增加都需要购买新的账号。又例如，你的产品是按照用量销售的，客户在你这里购买了 1000 条短信，当这个数量快用完的时候，就是增购需求产生的时候。这类信号通过后台数据监控系统较容易被捕捉到。

第二，从尝试购买到全量购买。客户在第一次购买时是尝试心态，即客户很清楚自己的需求，也认为你的产品可以解决他的问题，但是因为对你的产品和服务还没有产生充分信任，所以他只是尝试性地购买了一部分，一旦你的产品或者服务确实满足了他的诉求，他就会进行全量购买。这类信号需要人为留心，在客户购买之初，我们应了解客户的实际用量和购买量之间的差异，并牢记在心。

第三，产品升级带来新机会。同样，客户在早期很清楚自己的需求，因为没有更好的选择，所以只购买了一部分产品，需求并没有得到完全满足。对于这种情况，我们同样需要非常留心，要清楚客户仍有哪些问题未被解决。当产品升级加入的新功能恰好能解决客户当时未被解决的问题时，说服客户全量购买的机会就来了。

2. 交叉销售

只有当我们拥有多条产品线或多种服务可以销售的时候，才会存在所谓的交叉销售。交叉销售的机会往往来自对客户需求的精准把控。一般会出现两种情况：

- 客户需求未被现有的单一产品完全满足；
- 发现客户新的业务痛点。

我们通过一个职业培训公司的案例来理解这件事。

该培训公司为学员提供职业二次提升的教育服务，老板希望提升公司的销售业绩。我们当时可以给他们提供的解决方案是从两个角度入手：一是帮他们获取更多的学员信息；二是帮助他们把这些学员转化成付费学员。客户最迫切需要解决的问题是第二个，因为公司积累的销售线索或者说学员信息已经足够多，但真正付费的很少。所以，客户当时只购买了我们的 CRM 软件来进行销售过程的精细化管理，从而解决从免费学员到付费学员转化率低的问题。但是，CRM 系统并不能帮助客户获取更多的学员。

随着存量信息被逐步消耗，如何获取更多学员的需求逐步浮出水面。通过之前的服务，客户对我们的解决方案和服务已经非常信任，所以客户很愿意倾听我们能给他们什么样的解决方案。此时，我们向他们推荐了我们的自动营销产品，帮助他们获取浏览过网页的用户信息，这些用户信息对他们来说是潜在的销售线索。客户非常认可我们提供的营销一体化解决方案，当场决定购买我们的自动营销产品。

3. 增值服务

增值服务适用于对服务有明确分级和服务需要额外投入人力成本的情况。常见的服务分级是对服务时间和响应速度的分级。例如，面向大部分客户我们都提供 5×8 小时的人工坐席服务，但是有些公司在节假日或者夜晚也需要服务，那么他们可以付费购买我们的 7×24 小时的人工服务。又或者是，普通用户接入人工客服时在高峰期需要排队，而购买了 VIP 服务的客户无须排队。

服务需要额外的人力成本投入，通常是因为我们的产品需要人工参与实施、培训和技术开发等工作。第一种常见情况，当客户购买了我们的新产品，或者购买了产品的新功能模块时，需要我们提供实施服务，我们会根据客户的实际情况及产品的复杂程度，评估出需要投入的服务人天（提供服务所需要的人数和工作的天数)，客户需要按照服务人天支付相应的费用。第二种常见情况，当客户有一批新人入职，需要学习如何使用产品，这时会需要我们提供补充的培训服务，客户也需要为这种补充的培训服务支付额外的费用。第三种常见情况，客户在使用我们产品的过程中，又购买了其他公司的产品，现在需要将这两款产品连接起来，这时就需要我们或者另一家产品提供商来提供技术开发服务，因此客户需要为此支付相应的费用。

7.1.2 老客户销售机会推进：三步搞定

当我们已经捕捉到二次销售机会后，该如何往下推进呢？可以按照以下三个步骤进行（见图 7-2）。

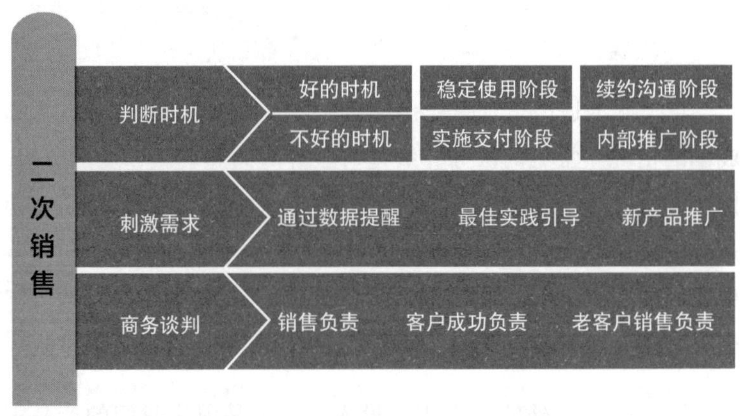

图 7-2　三步搞定老客户的二次销售

1. 判断现在是否是合适的推进时机

客户对我们的产品有足够的信任，是我们进行二次销售的前提。所以，我们要根据客户目前所处的阶段以及产品的使用情况来判断目前客户是否已经足够信任我们的产品。客户处在稳定使用阶段时，使用黏性和健康度都处在一个相对较高的水平，在这种情况下推荐新产品是较好的时机。实施和交付阶段并不是好时机，因为那时客户还并不了解我们的产品是否能够真正解决他们的问题。内部推广阶段也不是很好的时机，因为客户仍然在推广过程中，全员或所有使用者还没有对产品产生太多依赖，系统中也没有太多的数据和信息为我们提供支撑，客户的管理者还没有完全看到我们产品的价值。

2. 刺激客户的需求

通常，直接增购的需求会比较迫切，客户自己也会有感知，随着人员的增加和用量的增加，我们需要做的是尽早了解客户使用情况并提醒客户，他们的产品即将用完，应提早开始新的商务流程，避免出现无法使用的情况。交叉销售需要我们对客户有一定的了解并进行刺激。我们经常通过传递最佳实践来告诉客户，行业内其他客户还遇到过什么问题，通过我们的其他产品和解决方案取得了怎样的良好效果。让客户产生共鸣的同时，也能让他们意识到我们还有新的解决方案可供选择。刺激客户新的需求，同时让客户意识到与其将来和新的服务商合作，不如选择已经信任的伙伴。

3. 进入商务谈判

一般二次销售的商务谈判会有以下几种情况：

- 有的公司二次销售是由当初负责该客户的销售经理来推

进的，客户成功经理不负责二次销售。

- 有的公司会专门设定针对老客户的销售岗位，当出现二次销售商机时，由专门针对老客户销售的角色来进行商务谈判和结单。
- 最常见的情况是客户成功经理兼任老客户销售的角色，直接由客户成功经理来进行二次销售的结单。

二次销售的商务谈判通常比较顺利，最差的结果也是按照前一次购买的折扣进行结单。当然，我们也可以给予客户更多的优惠，前提是客户把二次销售和续约一起完成。一次性付出支付足够的金额，我们也可以适当地赠送一些增值服务。

我们需要注意二次销售中经常会出现的一种情况，即新产品的购买决策者和之前的购买决策者并不是同一个人，所以之前的决策者充分信任我们就显得非常重要，在他充分信任我们的情况下，他可以变成我们的支持者，并把我们推荐给新的决策者。例如在之前的例子中，购买 CRM 产品的通常是销售部的负责人，而购买营销自动化系统的有可能是市场部的负责人。当我们很好地帮助销售负责人解决了他的问题后，我们就可以较为容易地让他把我们引荐给市场部的负责人。

7.1.3 树立榜样——标杆客户

标杆客户对于企业的重要性不言而喻。

首先，多数企业的现状是，虽然标杆客户的数量只占公司总客户数量的 20%，但是却能给公司带来 80% 的收入，即遵循

“二八法则”。

其次，标杆客户通常是行业代言人，他们的需求代表了行业的发展趋势，他们的选择往往可以影响行业内大部分企业的选择。所以，如果他们可以在市场活动或者官网上帮我们做宣传，比打广告的效果还要好。

最后，标杆客户是行业解决方案的先驱。他们遇到的困难会更为复杂，痛点会更加明确，所以他们的需求能更好地为我们的产品发展指引方向。

因此，树立榜样型的标杆客户对公司有很大的好处。

对于标杆客户，我们投入的服务资源会很多，标杆客户一般都会非常满意。但是，如何才能让更多人知道呢？我们需要把他们打造为成功案例。一个好的客户成功案例，主要包含以下 4 个方面的内容（见图 7-3）。

图 7-3　客户成功案例的 4 个要点

1. 客户简介

客户简介千万不要直接摘抄客户官网上的内容，因为那些公开的内容大家都知道，让人没有继续读下去的欲望。客户简介需要介绍客户目前的业务现状，例如公司的销售模式是什么、公司在哪些方面做得好、有什么样的优势等。这些内容是行业里其他伙伴会关注和愿意了解的。

2. 业务痛点

虽然这些标杆企业的经营在外界看来都是非常成功的，但是没有企业是绝对没有问题的，也没有企业会一直安于现状。企业在发展过程中会遇到各式各样的问题，了解这些标杆企业的问题，往往能帮助很多小企业避免陷入同样的困境。所以，需要清晰地列出该企业目前遇到的业务困难，让其他企业产生共鸣并正视自己的问题。

3. 选择我们的过程

客户为了解决自己的问题，一定想过很多办法，但是为何一直未得到解决？与我们的产品类似的产品市面上有很多，客户最终出于什么样的考虑选择了我们？是因为我们的产品性价比高、产品功能强大、服务好，还是其他什么原因？这些都会在其他客户做选择时为其提供很重要的参考。

4. 改善的效果

这一点和第二点遥相呼应，如果第三点中客户描述了 3 个痛点，那么他们在选用了我们的产品和解决方案之后，痛点是否都得到了改善？每一个痛点分别有哪些改善？改善到了什么程度？这些都需要清晰描述，这样才会让读者感受到真实的痛点被解决的过程。

完成以上 4 个方面，一篇完整的客户案例就产生了。生动、真实的标杆客户案例可以让其他企业有同感，能刺激他们的痛点，激发他们的兴趣，从而为我们带来新商机。所以，标杆客户带来的收益绝不仅是他们带给我们的合同金额，还有更多看不到的附加价值。

7.2　老客户不愿续约的常见原因和应对策略

客户成功最核心的工作成果是确保老客户的留存，但是没有哪家公司能做到 100% 留存。尽管我们会在客户的整个生命周期中做很多工作，但这只是留存的必要条件而非充分条件。难免会有一些情况会导致客户变成濒危客户并最终流失。接下来我会把自己遇到过的情况进行归纳总结，并分享应对方法。必须要声明，我处理问题的思路并不能帮你挽救所有的濒危客户，事实上，谁都不能保证所有的濒危客户都能够被挽救，但是我们需要按照正确的思路和方向去做。

7.2.1　是什么把客户推向濒危

客户是否处在流失边缘，通过数据或者主观感受就可以发现。我们通过图 7-4 所示看看濒危客户会有哪些表现。

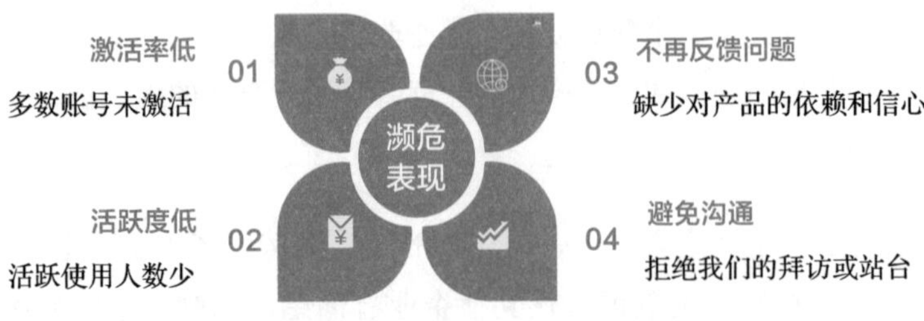

图 7-4　濒危客户的 4 种表现

1. 濒危客户的 4 个表现

（1）账号激活率低

很多产品是按照使用的账号数量计费的，被激活的账号数量可以从数据监控系统中看到。例如，客户购买了 100 个账号，但是只有 30 个账号被激活。长此以往，即便是续约，也不太可能按 100 个账号续约，一定会出现账号缩水。这是典型的濒危客户的表现。

（2）账号活跃度低、使用率低

客户的使用率也可以从数据监控后台看到，如果客户使用率一直处于较低水平，或是在不断下降，则说明客户对我们的产品没有形成使用黏性或正在逐渐脱离我们的产品。如果大部分人都不再继续使用，产品的价值就无法体现，流失也就不可避免。

（3）不再反馈问题

如果客户从来不给我们反馈问题，或者从某个时间点开始不再给我们反馈问题，这并不代表客户真的没有问题，很可能是他们没有再继续使用我们产品；或是对我们的产品没有依赖性，即使产品无法使用，也可以采用别的方式替代；或是客户已经对我们失去信心，有问题也不想反馈，因为觉得反馈给我们也无济于事。

（4）客户避免和我们沟通

当我们需要联络决策人或者想要去拜访决策人时，对方总是以在出差或者很忙为借口，不愿意见我们。这说明我们并没有和客户形成良好的合作关系，决策人认为见我们是没有价值、不值得花时间的事情，说明我们并没有获得他的信任和支持。

了解了以上 4 种表现后，我们就可以感知到什么样的客户处在濒危状态和流失边缘。不过，导致客户濒危的原因是什么呢？

2. 濒危客户的 3 种程度及其成因

导致客户濒危的原因有很多，根据严重程度可将濒危客户分为三档，如图 7-5 所示。

图 7-5　濒危客户的 3 种类型

（1）高度危险

高危（高度危险）意味着客户极有可能流失，造成高危的原因通常有 3 种。

1）产品卖给错误的客户，这是没有可能挽回的情况。在销售过程中，因为客户的错误理解或者销售人员刻意地错误引导，导致客户对我们的产品有错误的期待。客户从一开始使用就会发现我们的产品并不是他们想要的，并不能解决他们的问题，会立即弃用。

2）客户的投入产出（ROI）不清晰，或者价值主张不明确。客户付出了金钱和时间，也使用了我们的产品，但是并不觉得我们的产品对他们有什么价值，有时甚至会觉得工作不仅没有改善，反而因为我们的产品增加了工作量。

3）决策人变更，这对我们的影响也很大。当初该决策人决定购买我们的产品，诉求很明确，我们针对他的诉求提供了相应的解决方案。但是，随着他的离开，管理层发生了变更，新决策者的诉求也会随之发生改变，我们的解决方案是否仍然能够解决新决策者的诉求变为未知，甚至有可能新决策者是我们的竞争对手的推崇者。

（2）普通危险

普通危险的原因常见的有两个：

1）上线进度过慢，让客户逐步丧失热情和信心。SaaS 产品通常按年购买，如果耗时 3 个月甚至半年，我们的产品都还没有真正上线用起来，客户就会对我们的产品失去信心，觉得首年的投资被浪费了，同时也会觉得我们的产品很不好用，我们在企业内部的口碑会变差。

2）**问题反馈很久未得到解决或者未得到满意回复**。当客户遇到问题求助于我们时，他们对我们是有期望和依赖的。如果客户给我们反馈了很多问题，一直得不到及时回复甚至是长时间得不到解决，长此以往，客户也就不再愿意向我们反馈新的问题，会对我们丧失信心。

（3）轻度危险

轻度危险如果控制得好，濒危客户是很容易挽回的。造成轻度危险的原因常见的有两种。

1）**拥护者变更**。此事有影响，但是影响范围可控。通常，在企业内部会有我们产品的多位拥护者，某个拥护者的离开虽然会造成我们的拥护者变少，但是之前的决策人还在，只要他仍然认可我们，对我们的影响就不会太大。但是，我们需要花时间继续培养其他的拥护者。

2）**新的需求没有实现**。这也是可控的风险。客户购买我们的产品是因为认可了我们的产品能带给他的价值，尽管在使用过程中会有新的需求出现，这个需求即便当前没有实现也不会影响他最初的购买决定，新的需求我们可以随着产品的迭代逐步解决。

7.2.2 如何应对濒危客户

下面我们通过图 7-6 所示，了解一下当客户变成濒危客户，出现流失风险时，我们该如何应对。

图 7-6 濒危客户的应对

我们要做的是立刻在召开针对该客户的濒危讨论会，以求找出指挥我们的下一步行动的方案。所有与该客户有过接触的人都应该参与进来，包括该客户的销售经理、客户成功经理、实施顾问等，与对方管理层有过接触的我方管理层也应该参与濒危讨论会。这个会上通常会做如下三件事情。

1. 判断濒危的原因

与会的每个人都要同步自己了解的情况，根据每一个人了解的情况，综合分析并推断出最有可能导致该客户濒危的原因。有些原因非常明显，例如决策人变更；有些原因不那么明显，例如ROI 不清晰。根据分析出的原因，对该客户的濒危级别进行判定，是高度危险、普通危险，还是轻度危险。如果是高度危险，则要立即采取行动；如果是轻度危险，则保持对客户的时刻关注。例如，我们的拥护者离开了，就要观察客户方的态度是否有变化，再来决定是否要采取行动。

2. 讨论方案和对策

导致客户濒危的原因可能不止一个，我们需要制定有针对性的解决方案。例如，我们认为原因是原决策人离职，新的决策人不认可我们的产品。此时对我们来说，就是要让新的决策人认可我们，这就和重新销售一次没有太多区别。我们需要见到他，找出他的痛点，激发他的兴趣，匹配我们的产品，让他也认可我们。

3. 制定行动计划

针对第二步制定的解决方案，我们接下来需要明确每个人的任务，以及每个任务完成的时间节点，最后制定统一的行动计划。同时，针对有些情况我们还需要采取一些补偿措施，例如产品问题迟迟未得到解决，我们应考虑给客户提供一定的补偿，或者是将产品存在问题的这段时间不计入客户的使用时间内，等等。

当然，濒危讨论会并不是一次性的，需要阶段性讨论，直到解除该客户濒危状态为止。当我们取得了进展或是发现对濒危原因的判断有误时，需要立即把之前的相关人员集中起来再进行一次讨论。

下面来看一个我成功挽回濒危客户的案例。

当时我就职在一家CRM软件公司，客户方的老板直接出面购买了我们的产品，他的目的是用CRM来管理销售人员的行为。然而，半年之后，我们收到了客户方内部IT人员的反馈，他们老板觉得我们的CRM产品没有价值，正在重新选型。很显然，尽管合同还有半年，但这个客户已经处于高度危险状态。

我们立即针对这个客户召开了讨论会。

首先，我们回顾了整个项目的交付过程。老板购买后，指定IT部门的负责人来牵头进行项目对接，后续的需求沟通、项目验收都是由该IT负责人完成的。在软件的日常使用过程中，客户成功经理会定期拜访这位IT负责人，传递新功能信息和收集用户反馈。通过回顾，我们发现客户成功经理在与客户接触的过程中，与客户的老板直接接触很少。半年时间过去了，客户的老板可能觉得我们没有为他提供过任何服务。

其次，通过对后台数据的分析，我们发现客户使用的功能很少，虽然活跃度很高，但是黏性不足。而且这个系统对老板管理销售人员的行为会带来什么好处，我们并没有清晰地传达给老板。据此判断，此客户的濒危级别非常高，原因是客户成功的标准不清晰，价值主张不明确，客户觉得我们的产品对他没有产生价值。

综上，我们制定了下一步的行动计划。

第一，引入我方的高层，安排我方高层与客户老板会面。通过双方高层的会面，我们想达到的目的是让客户给我们一次重新实施该项目的机会，重新和客户方的老板一起制定成功标准，并将其在系统中落地。

第二，为了表达诚意，我们给予客户的补偿措施是之前半年的使用时长不计入合同期内，等重新实施结束之后再正式开始计费。

通过争取来的这次机会，我们成功地将客户老板再次引入项目中，并围绕他的需求展开工作，让他切实感觉到产品的价值。最终他没有选择其他产品。

7.3 如何确保成功续约

将客户服务好，让客户认可我们的产品和服务是续约的前提。在续约时避免不了来自对手的竞争，所以续约往往不会像想象的那样一帆风顺。

7.3.1 续约的挑战和准备

通常在合同到期前 3 个月，我们会开始筹划续约的事情。因为我们需要为商务谈判和合同流程等留出充足的时间，尽量避免因手续问题导致客户的服务过期而无法使用。

1. 续约会面对的两个问题

续约时我们通常会面对两个问题。

- 竞争问题：相信很多人都遇到过这个问题。我们要确信，不管我们与客户合作了多久，都一定会有我们的竞争对手在不断与这个客户接触，希望能够把该客户从我们这里“撬”走。

- 价格问题：SaaS 类产品的续约费用几乎是年年涨，因为人力成本和产品功能都在提升。大多数客户都能理解，但有少数客户的想法是：“我是老客户，理应享受更多的折扣。”甚至有一些客户会说：“如果今年你不给我折扣，我就不续约。”以此来“要挟”我们。

对于以上两种情况，我们都有相应的应对方法。

2. 解决续约问题的办法

方法 1：我们需要对每个待续约客户做到心里有数。回顾一年来与客户的交互情况以及客户对产品的使用情况，评估续约的概率和风险，即先进行自查。

自查的第一点：客户购买产品的初衷及需求满足情况。对于任何一个客户，我们都需要清楚了解当初他为什么会选择我们，以及现在是否达到了他想要的效果。如果客户当时的期望已经完全满足，则续约的可能性极大。

自查的第二点：决策链是否有变化以及我们与决策链的关系如何。要明确决策人是否有变化，决策链中的重要角色是我们的拥护者还是反对者。如果我们与整个决策链中的重要角色关系都很好，并且他们的业务诉求都已经被很好地满足，则接下来的续约谈判会相对顺利。

自查的第三点：检查是否有仍未实现的承诺。客户在购买时销售人员可能对他们有过某些承诺；另外在服务过程中客户可能又提了一些新的需求，我们与客户也有过相关承诺。

如果我们所有的承诺都已经兑现了，客户对我们会非常信任，也会相信我们接下来仍然能兑现承诺，愿意和我们长期合作下去。

方法 2：为客户出具年度业务分析报告，让客户可以从数据中看清我们对他们公司的贡献，从而消除疑虑，促成续费。

年度分析以一整年为时间周期，应从以下 3 个角度进行回顾和分析。

第一，呈现结果。这一年来，客户使用我们产品后效果如何，效果最好是能够量化的。

第二，我们对客户提供了哪些帮助。例如，我们帮助客户实现了多少需求、解决了多少问题、进行了多少次培训等。

第三，我们的改进。在新的一年里，我们的产品和服务会有哪些提升、会在哪些方面比之前做得更好、产品会增加哪些新功能等，让客户对我们和未来的合作充满信心。

7.3.2　续约谈判策略

在签订续约合同之前，我们会进入续约谈判，此时要与客户谈续约价格。面对不同的客户，我们会有不同的谈判策略。对于用得好的客户和快要流失的客户，以及大客户和小客户，我们的谈判策略都不一样。

对于用得好的客户，我们会考虑对方的体量和重要性。对于大客户（通常是标杆客户），他们愿意花钱获得更好的服务，所以针对他们一般不提供优惠，甚至价格会有一定幅度的上涨，因为我们为他们提供的服务也是最好的，公司高层也会参与到这些客户的服务中。如果他们也要求优惠，就可以要求这些大客户帮我们做些事情。作为标杆客户，我们需要他们来帮我们站台，作为我们的标杆案例用于市场宣传。对于中小客户，我们也不会主动给予优惠，除非客户在续约的时候选择了更高级别的版本，或者愿意一次性续约多年。

不过，对于有流失风险的客户，谈判思路就不一样了。此时，我们的首要目标不是提高续约金额，而是留住客户，我们要考虑得更长远。我们可以考虑给客户很大力度的折扣。对于同一个客户来说，若他们持续使用我们产品，因为我们后续在他们身上投入的成本是越来越低的，所以这也是可行的。虽然这次我们给了客户很大力度的折扣，但是从客户的生命周期价值来看，我们在这个客户身上仍然是有盈利的。只要能够留住客户，我们就不算亏本。

此处给大家一个小建议：给予客户的折扣尽量不要采用现金折扣的方式，也就是说尽量不降价，这样对后续续约、增购、二次销售的价格谈判都有好处。可以以赠送更多的账号、延长免费使用的期限或增加现场培训等非现金折扣方式给予同等力度的折扣。

曾经有一个客户的续约谈判过程让我印象深刻。

当时客户还有 3 个月左右到期，且对我们的产品使用非常稳定，我们判断客户不大可能因为价格原因而流失，但是可能需要谈判。于是决定提前启动和客户的续约谈判流程，谈判先后经历了 3 个回合。

我们的第一次报价是在前一年价格的基础上上浮 10%。客户表示不可接受，他不明白为何续约会涨价。我们给出的解释是：首先，第一次签约时折扣较低，上涨 10% 仍远低于原价；其次，服务和产品都有迭代和提升，服务内容较之前更加丰富。

客户提出按照前一年的价格续约。我们的答复是：如果按照前一年的价格续约，也不是不可以，但是需要一次性续约 3 年。

客户最后提出可以按照前一年的价格一次性续约 2 年。我们的回答是：可以接受，但是需要客户承诺允许我们使用他们的 logo 做宣传，并愿意在某些市场活动或者案例宣传中配合我们。

客户表示同意，最终顺利完成续约。

7.3.3　面对低价竞争的 4 种策略

与对手竞争是不可避免的，不管是新签还是续约。有些情况下，对手会以低价的方式竞争，有些客户就会被竞争对手的低价甚至是免费策略抢走。面对这种不正当的竞争，我们也是有办法的，可以从以下 4 个方面入手（见图 7-7）。

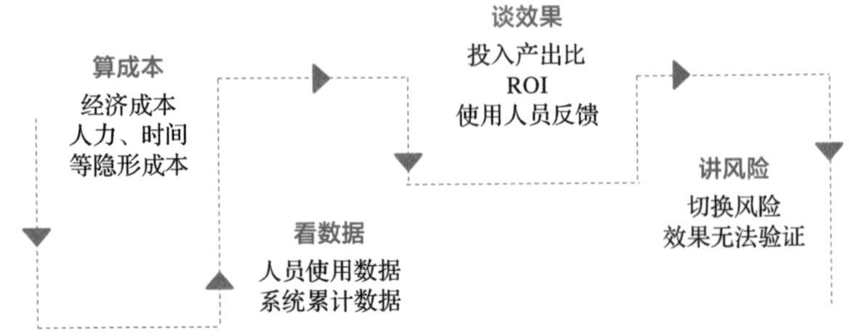

图 7-7　面对低价竞争的 4 种策略

- **帮助客户算成本**：这里的成本包括了实际消耗的成本和切换成本？竞争对手的低价甚至免费，到底能够帮客户节省多少成本？这是可以轻易计算出来的。但是切换的成本呢？切换成本包括客户选购我们的产品时所消耗的时间、精力；员工学习我们的产品所消耗的时间、精力；曾经定制的功能在竞争对手的系统上仍然需要再定制一次，重新来一次所消耗的时间和精力造成的成本浪费。这些成本的总和远远高于可以节省的成本。
- **带着客户看数据**：让客户的决策者看到我们的产品中已经积累的大量的数据，让他认可我们的产品在他们公司已经被大家普遍使用，并已经形成习惯。如果要换到竞品，大量的数据需要导出、整理、导入，这要消耗大量的人力和时间。如果导出的数据无法完整导入竞品怎么办？所有员工又需要重新培养新习惯，难免会让员工怨声载道。
- **和客户谈效果**：通过数据让客户看到使用我们的系统是否取得了很好的效果。如果有很好的效果，那为什么要换呢？如果带来的收益远远大于成本，那么价格的差异完全可以忽略。又或者，如果竞品无法带来类似的收益呢？

- **跟客户讲风险：**如果换了系统，员工都觉得不好用，无法养成习惯，该怎么办？在更换系统的过程中，如果数据发生混乱，怎么办？现在竞争对手给出了很低的价格，但是如果后续的服务跟不上，导致员工没有办法上手，那又怎么办？虽然竞品现在的价格很低甚至免费，一旦切换过去，下一年他们把这个价涨回来甚至涨得更高，怎么办？所有这些问题都会让客户意识到切换系统的风险是相当大的。

通过以上 4 个方面的分析，客户轻易不会再考虑更换产品了。

接下来分享一个我做 CRM 产品时的真实案例。

有个客户还有 2 个多月到期，当时我们正在和客户谈续约。我们的报价是 98 元 / 人 / 月，客户从我们这里购买了 100 个账号，全年大概是 11.7 万元。此时有家竞争对手也在和客户接触，竞争对手开出的条件是：无论我们针对每个账号的报价是多少钱，他们每人每个月都低 20 元。很明显，这是以低价进行恶意竞争，但是却打动了客户的老板。

这时候，我就从上面提到的 4 个方面入手来尝试说服客户的老板。

第一，算成本。我当时帮助客户计算了一下，如果按照竞争对手的价格，一年可以帮他节省 24 000 元。对于一个企业来讲，一年多或者少支出 24 000 元，影响其实不大，这让客户老板觉得这个优惠力度并不大，没有听上去那么吸引人。

第二，看数据。客户老板登录系统后，数据报表很清晰，之前的 100 个账号里有 90 个是频繁使用的，说明公司购买的这 100 个账号非常值，90% 的人每天都在用它工作。试想，如果换成竞争对手的系统，现在的员工觉得不适应、不好用，最终没有养成使用习惯，那对客户来说不是节约了 24 000 元，而是浪费了购买竞争对手产品所花费的 9 万多元。

第三，谈效果。我们的 CRM 系统中的数据显示，过去一年，客户的销售线索转换率提升了 2 个百分点，同时平均销售周期缩短了 5 天。这两个因素相结合，总计帮助客户提升的销售收入超过了 300 万元。他们付出的成本不到 12 万元，可以说性价比（或者说投入产出比）是相当高的。这个效果不完全是系统本身带来的，客户成功经理在这一年里也在不断帮助客户改善销售管理，这是一个综合结果。如果换成竞争对手的系统，无法持续达到这个效果，该怎么办呢？

第四，讲风险。我和客户老板讲，换系统需要耗费一定的时间来进行数据迁移，把我们的系统中的数据导出、整理，再导入竞争对手的系统，需要耗费大量的人力成本；同时，竞争对手的系统要达到上线标准，同样需要实施和部署的时间。所有的时间加起来可能需要 2 个月，甚至更长，看似节约了金钱成本，但是浪费了人力和时间成本，得不偿失。在系统切换的这段时间里，销售人员没有系统可以用，可能会直接影响他们的销售业绩。另外，虽然竞争对手今年给出了一个较低的价格，一旦切换到他们的系统，明年续约的时候他们把价格涨回到 98 元甚至更高，你会不会觉得自己上当了？

通过以上 4 个方面的沟通，客户老板感觉切换的风险远远大于可以看到的优惠，并且在沟通中又一次感受到在我们的产品上投入产出比非常高，所以立刻和我们完成了续约。

7.4　更好完成续约的 3 个心得

在我多年的客户成功经验中，关于如何能够更好地续约，有些小心得，本节就分享给大家。

不能等到客户合同快要到期了才开始考虑续约，而是要从购买的那一刻就开始。我们与客户接触的所有环节都会直接影响续约。客户购买产品时的期望是否合理，交付的产品是否达到客户预期，客户在内部推广是否顺利，稳定使用期间决策人感受到的价值大不大……还有续约谈判时我们给出的价格，所有这些因素组合在一起就构成了客户是否续约的决策依据。是否续约并不是仅由最后谈判决定的。关于如何才能成功续约，我有 3 个心得，如图 7-8 所示。

第一个心得：从第一次接触开始就要为续约做铺垫。我们需要提醒客户，我们的服务模式和传统模式不一样，我们是按年付费的，客户做下一年的年度预算时，要留出续约我们产品的这部分预算。

第二个心得：主动帮助客户做长远规划。在日常维护和拜访客户方决策人的时候，除了帮助他解决眼前的问题，还要主动帮助对方做长远规划。让客户决策人觉得我们是一个适合长期共同发展的伙伴。例如，我们帮客户做了三年的规划，如果客户的决策人也很认可，那么不出意外，接下来的三年客户都会选用我们的产品。

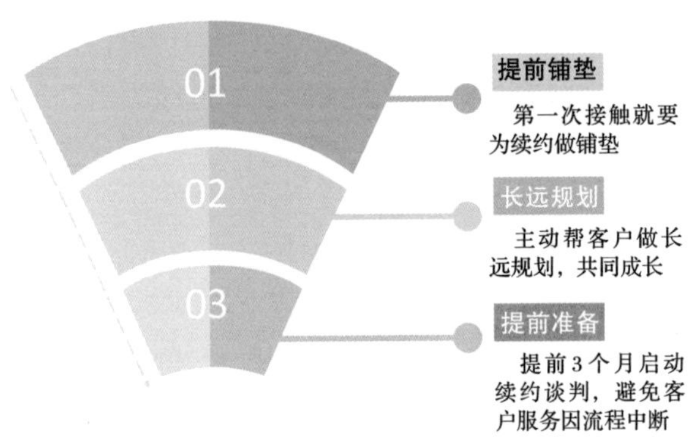
01
02
03
提前铺垫
第一次接触就要为续约做铺垫
长远规划
主动帮客户做长远规划，共同成长
提前准备
提前3个月启动续约谈判，避免客户服务因流程中断

图 7-8　成功完成续约的 3 个心得

第三个心得：距离合同到期还有 3 个月的时候，我们就可以开始启动续约流程，避免因为商务流程没有进行完导致客户的使用中断。例如，客户已经同意续约，双方合同还在盖章流程中，因为系统使用权到期而导致客户无法使用系统，这带给客户的体验是极差的，破坏了双方的信任。所以，续约前要充分考虑谈判、合同流程等环节的时间周期，提前做好规划。

第8章 CHAPTER

全员客户成功：打造以客户为中心的闭环

很多老板都认为："如果公司业绩不好，一定是销售团队工作做得不好；如果一个 SaaS 公司的老客户留存率不高，一定是客户成功团队的服务没做好。"其实，客户选择或者离开我们，是由很多因素决定的，例如产品质量、售后服务、公司的品牌形象、朋友的评价等。从客户成功的角度来看，如果希望客户能够持续留存，一定要确保客户在和我们接触的每个环节都不会失望。所以，客户成功不仅仅是一个部门的名字，还是公司全员都需要秉持的理念，我称之为——全员客户成功。

8.1 销售团队与客户成功团队的配合

前面提到过，最难挽留客户的情况是销售人员将产品卖给错误的客户，这类客户的流失率会高达90%。虽然客户成功主要关注客户的留存，但销售人员才是客户留存的第一关。同时，在后期的服务过程中，客户成功团队需要和销售人员紧密配合，包括日常关系的维护、濒危客户的挽救等。因此，客户成功团队和销售团队的紧密合作必不可少。但是，要做到这一点并不容易，我们可以从以下3个方向努力，以实现双方的紧密配合：

第一，强化销售人员的客户成功理念，尽量避免短视交易；

第二，将客户的信任关系从销售人员那里平稳地移交给客户成功团队；

第三，以正向激励的方式鼓励销售人员参与到老客户的维护中。

8.1.1 强化销售人员的客户成功理念

销售人员要避免将产品卖给错误的客户，除了要了解自己的产品外，还要能准确判断客户的需求，更需要理解客户成功的理念。要让销售人员理解客户成功并培养客户成功的思维，我们可以从两个方面着手。

1. 从上到下，反复宣贯

销售人员最重要的目标就是将产品卖出去，因此，只要有机会他们就不会放弃，甚至偶尔会为了成交故意夸大宣传。为了避免这种情况发生，作为 SaaS 公司的老板以及销售团队的管理者，需要从销售人员入职的第一天就开始宣贯客户成功的理念。让销售人员理解 SaaS 公司健康发展的指标，理解客户生命周期价值的概念和内涵。要让销售人员知道客户留存率低带来的危机；要告诉他们，如果真的喜欢这份工作，就不要做伤害公司的事情。另外，要强调客户口碑给销售人员带来的好处，客户给他们推荐客户是好口碑最容易带来的结果；要让他们知道，如果每个客户都感受到了“货真价实”，那么他们更容易与客户达成交易。在建立了诚信的个人形象后，今后无论卖什么产品都会更容易成交。

2. 加强日常的客户需求把关

大多数销售团队管理者日常和销售人员沟通工作进展时，都只会聚焦在订单推进是否有困难、预计何时能够结单、为什么还没有结单等问题上。但是，作为 SaaS 公司的管理者，除了要与销售人员沟通以上内容外，还要针对每一个订单进行询问：客户需要什么产品、为什么需要我们的产品、我们的产品如何才能帮助客户等问题。如果这些问题的答案还不清晰，或是客户需求超出了我们现有产品的能力范围，销售管理者一定要立即叫停该订单，把该商机暂时“冷冻”起来，直到产品的能力能够满足客户的需求后再重启。

一定要让销售人员知道，不能因为某一个订单而影响产品在客户心中的口碑。俗话说：“好事不出门，坏事传千里”，客户的圈子往往也很小，很多老板都是互相认识的，所以一个订单往往会影响很多订单，这种影响可能是正面的，也可能是负面的。如果管理者能够把好关，那么自然也会把这个思路传递给销售人员，销售人员每次接触新客户时，就会先问自己这几个问题，并慢慢形成习惯。

8.1.2 客户信任如何移交

一般来讲，客户在购买产品之前，他们的决策者已经和销售人员建立了很深的信任关系，否则是不会购买我们的产品的。但是，对方可能从未接触过客户成功经理，对客户成功经理的工作职责一无所知。我们知道，客户后期是否会续约，也极有可能由该决策者决定，所以我们需要将客户的信任从销售人员那里移交给客户成功经理，因为客户对我们的产品和客户成功服务的信任程度决定着他后面是否会续约。

由销售人员将客户成功经理引荐给客户的决策者，是帮助客户成功经理和客户建立信任的最直接有效的方式。销售人员最好是当面将客户成功经理介绍给客户，这样会显得更加正式。介绍时要把客户成功经理的工作职责重点讲一讲，这样能帮助客户区分客户成功经理和普通客服人员。下面我们来看两个常见的客户交接案例，以帮助你理解如何更好地对信任进行移交。

首先来看一个反面案例，这个客户移交场景非常常见。

某销售人员刚刚和一个大客户完成了签约，准备将客户移交给作为客户成功经理的我。销售人员和我讲了客户的基本情况后，立马将客户的决策人（CEO）和我拉进了微信群。销售人员在群里介绍说，我是我们公司的客户成功经理，以后如果产品有任何问题都可以联系我。然后，客户的 CEO 把他的助理也拉进了微信群，并告诉我，他自己工作太忙，以后有事情可以直接找他的助理。于是我就只能与他的助理沟通产品的使用情况等问题。很显然，我和客户的决策人仅存在一种非常薄弱的联系，因为销售人员介绍时说的是"对产品有任何问题"可以联系我，客户 CEO 也只是将我当成了一位产品客服人员，他认为自己并不会和一位一线客服人员有太多话题。这就是一个典型的失败的客户交接，我无法与客户的决策人建立信任关系，可以预见，后续的工作也不会太顺利。

那么理想的交接应该是什么样子的呢？我们来看另外一个案例。

某销售人员刚刚和一个大客户完成了签约，准备将客户移交给作为客户成功经理的我。销售人员和我讲了客户的基本情况后，预约了客户的决策人（CEO），带着我去和客户的 CEO 进行了首次会面。三个人面对面的时候，销售人员非常正式地向 CEO 介绍了我以及客户成功经理的工作职责："这是我们的客户成功经理，他是行业解决方案专家，服务过很多同行业的客户，有非常多的成功案例，能够帮助你们公司将购买的产品解决方案很好地落地。在落地的过程中遇到的所有困难他都会尽力帮助你们解决。我们的客户成功经理后续会与您直接沟通，因为他只有足够了解您的需求和困难，才能更好地帮您解决问题。"

这样，CEO 就对我有了初步的信任。这时，CEO 又将 CTO 叫进会议室，告诉他整个系统的建设（产品落地）需要他全力配合。此时，我同时与客户的两个高层建立了联系，我借机与客户预约了下一次见面的时间。下次见面的时候，我将项目的进展情况向 CEO 做了详细汇报，对接下来的工作也做了明确规划。CEO 对我的信任进一步加强，后续的工作推进十分顺利。

根据上面一正一反两个案例，关于销售人员如何正确将客户的信任平稳地交接给客户，我们可以总结出三个要点：

第一，销售人员必须向客户成功经理详细介绍客户的情况，确保内部信息完整传递。

第二，销售人员必须安排并陪同客户成功经理与客户方的决策者面谈。

第三，详细介绍客户成功经理的职责，确保客户方决策者正确理解客户成功经理的角色和价值。

8.1.3 老客户的业绩如何分配

众所周知，销售人员的目标是签约新客户，已成交客户的维护和留存并不是他们关注的内容。所以，当客户成功经理需要销售人员协助拜访客户高层时，销售人员并没有动力。更有甚者，如果遇到责任心稍差一点的销售人员，经常会出现对产品功能进行夸大，对客户做出过度承诺的情形，这样尽管能更容易与客户完成签约，但却会导致客户的预期与产品的实际效果出现偏差，进而极大影响客户满意度，并直接造成客户流失。这种情况下，客户成功经理会觉得很委屈，明明是销售人员挖的“坑”，为什么要他来填？

上面两种情况都有可能让销售人员和客户成功经理发生矛

盾。我的经验是，通过合理的业绩分配方式，引导和激励销售人员参与到老客户的后期维护中，从而化解双方的矛盾。对销售人员的激励有两种方式，下面我们详细讲一讲。

1. 二次销售共同激励

很多公司的做法是“一刀切”，即客户签约后，客户的二次购买与销售人员无关，全部由客户成功经理负责。也有很多公司反其道而行之，即所有的二次销售业绩都算销售人员的，与客户成功经理无关。“一刀切”的做法有四个很明显的弊端。

弊端 1：第一种方式很容易打击销售人员的积极性，客户的二次购买与他无关，他自然就不会关心客户后续的使用体验，这是人之常情。同时，客户也会产生一种心理落差，签约之前你和我称兄道弟，签完约就不管我了。这种客户体验是非常差的。

弊端 2：如果我们的客户是规模较大的公司，客户一般不会一次性购买所需的全部产品，通常会先以一个部门或分公司作为试点，如果反馈好，就会全部购买。对于大客户，销售人员需要花很多时间和精力去培养，慢慢才能渗透到公司的决策层。所以，如果大客户初期的订单金额很小，而后面的大额订单又与销售人员没关系，销售人员很可能就会索性以很低的折扣说服该大客户一次性购买所有产品。对公司来讲，本可以从这个大客户赚取更多的价值，最后获得的收益却很低。

弊端 3：客户是因为信任销售人员才会和我们成交的，所以，一旦客户成功经理在维护客户关系时出现问题，或者发现客户出现濒危情况，都需要销售人员出手相助。销售人员可以约见客户决策人，帮忙安抚客户。如果后期业绩与销售人员无关，销售人员自然就没有动力再投入时间在这些老客户身上。

弊端 4：同理，如果所有二次销售的业绩都归销售人员，客户成功经理就会失去二次销售的动力。客户成功经理恰恰是最了解客户使用情况以及客户是否有新需求和痛点的人。客户成功经理会在维护客户的过程中，知道客户是不是需要购买更多的产品，是不是需要购买更好的服务，或者是否需要我们公司的其他产品。如果业绩和客户成功经理没有关系，就很难保证他们会及时配合销售人员推进二次销售。

为了解决上述弊端，我建议同时给销售人员和客户成功经理激励。即按照二次销售的金额，进行一定比例的业绩拆分，按照拆分后的结果激励销售人员和客户成功经理。

我建议按照客户首次签约后的使用时长进行拆分。签约的前三个月或者半年，销售人员的业绩分配比例更高；随着时间的推移，销售人员业绩分配比例逐渐减小，直至第一年续约结束。之后发生的二次销售可以完全算作客户成功经理的业绩。例如，前面提到的大客户，签约后的前期和中期，如果发生了增购，销售人员分配到的业绩会占更大的比重，这不仅认可了销售人员在培养该客户过程中花的精力，也可以让销售人员不用急于把这块“大蛋糕”以低价的形式一次性全部吃掉。同时，还可以在客户使用我们产品的早期，让销售人员更多地参与到该客户的维护中，保持服务的连续性，让客户的体验更好。

根据我的经验，常见的业绩拆分比例如表 8-1 所示。

表 8-1　二次销售业绩拆分经验值

签约时间	销售占比	客户成功占比
0～6 个月	80%	20%
7～9 个月	50%	50%
10～12 个月	20%	80%
13 个月起	0%	100%

2. 首年续约额外激励

首年续约后，我建议按照实际续约金额给销售人员一定比例的提成。因为前面提到过，最难挽回的客户流失情况是销售人员将产品卖给错误的客户，造成无法续约。但是，如果续约后销售人员也能有提成，相信很多销售人员在卖产品之前会慎重考虑：该客户是否有可能续约？是否还可以从他那里拿到更多的提成？这样可以从某种程度上避免销售人员进行不恰当售卖。

就像前面提到的二次销售，为什么我建议只在第一年给销售人员激励呢？因为在客户与我们达成第一次合作时，对我们可能还不是完全信任，中间会出现各种各样的状况，需要销售人员和客户成功经理相互配合才能处理好。此外，销售人员参与到首年的服务中也不会让客户感觉有落差，从而保证了良好的服务延续性和客户体验。

客户与我们合作一年后选择了续约，说明客户对我们的产品和服务已经充分认可，而且对客户成功经理已经产生了信任。从第二年开始就不再需要借助销售人员和客户决策者之间的个人信任关系来维护这个客户，所以我推荐首年续约提成的激励方式，对于二次销售的激励也仅限于第一年内。

根据我的经验，因续约给到销售人员的提成比例是新签合同提成比例的 20%。比如，新签一单提成是 15%，则该客户续约时给到销售人员的提成是续约金额的 3%。

8.2 与产研团队的配合

客户成功与产品和研发（简称产研）这两个团队的沟通非常多，因为我们会不断收到客户的需求和客户反馈的产品问题，这些问题需要反馈给产品和研发团队。有时为了更加深入地了解客户，产品经理也会参与到客户的某些回访过程中，与客户直接交流。

客户成功团队与产品、研发团队在配合的过程中经常会有矛盾，最常见的是以下 3 个：

- 客户反馈未形成闭环；
- 客户成功经理提出的需求优先级与产品经理规划的优先级不一致；
- 客户成功经理与产品、研发团队没有统一的目标，双方无法协同。

8.2.1 打造客户反馈闭环

一般情况下，客户反馈的问题大多与需求和产品相关。为此，我建议做 3 件事：

- 打造需求反馈闭环。
- 打造产品问题反馈闭环。
- 客户成功经理和产品经理定期沟通。

1. 打造需求反馈闭环

第一步：客户将需求反馈给客户成功经理，客户成功经理要做的事情是去伪存真。

客户可能会提出各式各样的需求，客户成功经理要负起责任，不要做传话筒，不能不假思索地将客户的需求直接“扔”给产品经理。作为客户的负责人，客户成功经理对客户的业务足够熟悉，完全可以判断出客户提出的需求到底是不是真正的业务需求、需求对客户的业务改善到底有没有价值、需求是否超出了产品的功能范围等。经过客户成功经理的过滤，最终传递给产品经理的应该都是对解决客户问题有帮助的真需求，而不是客户要什么，我们就给什么。

第二步：还原场景，将客户的要求转化为需求。

什么叫还原场景？我们需要告诉产品经理，客户提出需求的真正原因和需求的使用场景，要告诉产品经理该需求的完整上下文，而不是简单地转述客户的要求。对于这一点，我经常会举一个例子：有 A 和 B 两栋高楼，两栋楼中间隔着一条繁忙的马路。客户要求你在两栋楼中间建一座桥，很多客户成功经理会直接告诉产品经理，客户需要一座桥。客户成功经理应该把完整的上下文告诉产品经理，让产品经理了解到，原来客户的诉求是希望在 A 和 B 之间安全、快速地通勤。

第三步：将解决方案交给产品经理去做。

很多客户成功经理喜欢帮产品经理做决定，他们经常会说："你在那里加个按钮就好了""你就不能做个这样的功能吗"，等等。我的建议是把解决方案的决定权交给产品经理，因为他们会从产品全貌的角度去考虑这个问题。就好像上面的例子，是在 A 和 B 之间架一座桥、挖一条地下通道，还是建一条索道？这些方案交给产品经理去考虑，因为他们更专业。

第四步：产品经理将解决方案反馈给客户成功经理，由客户成功经理与客户沟通设计的解决方案，待客户认可后，再进行开发。如果客户不满意，就尽快修改。这样反复验证，就能避免功能做出来之后才发现并不是客户想要的，浪费了时间和人力。

第五步：产品功能实现后，产品经理应第一时间通知客户成功经理，客户成功经理应立即告诉客户，让客户知道我们在快速迭代。

2. 打造产品问题反馈闭环

产品问题（Bug）反馈闭环与需求反馈闭环比较相似，不同的是，问题通常是直接反馈给研发部门，而且需要立刻解决。

第一步：客户成功经理需要将客户的问题完整还原，尽量让研发部门的同事能够准确复现客户的问题。

你一定遇到过这种情况：客户向你反馈，他们在使用产品的过程中遇到了某个问题，但是当你把这个问题反馈给研发部门时，研发部门的同事却说，他们测试后并没有出现这个问题。

这样就很难快速帮助客户解决问题。研发人员定位问题的最快方式一定是在客户的本地环境上重现客户遇到的错误，所以客户成功经理需要完整地还原客户出现问题的环境。完整的环境包括客户操作的步骤，例如客户是在执行什么操作后出现的这个问题；还包括客户使用的设备及其版本等信息，比如客户使用的是什么浏览器、什么型号的手机，使用的是我们产品的哪个版本等。

第二步：每个 Bug 都需要有清晰的记录。

客户的每一个问题都需要得到解决，不可以有遗漏，因此客户成功经理和研发团队需要有统一的问题记录，比较常用的工具是 JIRA。客户成功经理将客户问题的完整信息录入 JIRA 后，该问题就会被分配给某个研发人员。通过 JIRA，可以实时查看问题的状态，比如处理中、待上线、已修复、已关闭等。根据问题状态的变更，客户成功经理可以及时告诉客户目前该问题的进展，不会让客户觉得反馈的问题石沉大海。

需要强调的是，Bug 一定要在客户验证通过之后才可以关闭。经常会出现这样的情况：研发人员测试后发现问题消失了，于是就把问题关闭了，客户成功经理也觉得没问题了，但是问题并未真正得到修复，客户那边的问题依然存在。所以，即便是研发人员告诉我们问题已经修复了，我们也要第一时间通知客户去验证，当客户告诉我们真的没问题了，才意味着这个问题被修复了。这才是一个问题从反馈到修复的完整闭环，具体如图 8-1 所示。

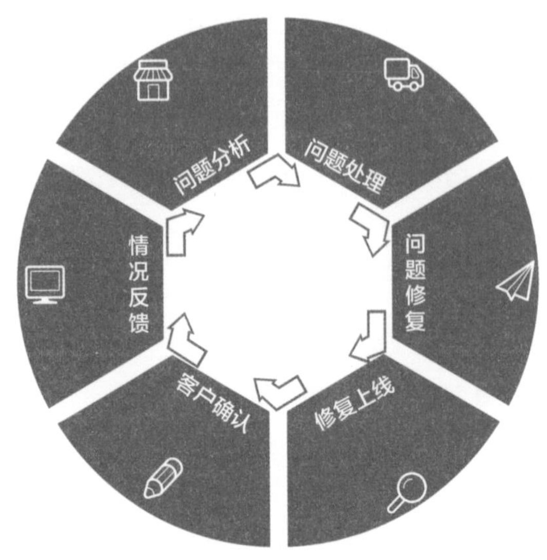

图 8-1 问题反馈的完整闭环

3. 客户成功经理和产品经理的定期沟通

最后谈一下客户成功经理如何与产品、研发团队紧密沟通。客户成功经理与产品、研发团队的信息互通非常重要，产品和研发团队需要知道客户的真实想法和需求，客户成功经理需要知道产品和研发团队在做什么，以及问题的进展情况等。所以，双方需要有统一的、固定的沟通方式。

客户成功经理和研发团队沟通的内容相对比较简单，主要是问题的传递和解决，因此不一定需要以开会的方式沟通，只要保证有问题记录和顺畅的传递通道即可。而客户成功经理和产品部门要沟通的内容比较多，通常需要有固定频次的沟通会，一般情况下，一周或者两周开一次会比较合适。会议上主要沟通哪些内容呢？

第一，产品团队需要告诉客户成功经理，新版本中会有哪些新的功能。这样在拜访客户的时候，如果客户恰好提到了其中的某个需求，客户成功经理就可以告诉客户我们已经在做了，并告知其上线时间。

第二，产品团队可以在沟通会上展示正在设计的新功能的原型，让客户成功经理从客户的视角来评审这些功能是否可以满足客户的需求。如果是，就继续往下做；如果不是，则及时调整。

第三，客户成功经理要把客户最新的反馈同步给产品部门。例如，产品部门最近上线了新功能，对于这个新功能，客户使用的感受是什么样的，是否需要优化。

第四，可以在会上就竞争产品新上的一些功能进行讨论，分析竞争产品可能对自己的客户带来什么影响，我们应如何应对。

8.2.2　需求分级：资源与需求的矛盾

无论是创业公司，还是已经成熟的大公司，都会面临同一个问题：需求永远做不完，研发资源永远不够用。需求和资源是一对永远的矛盾体。既然需求永远都做不完，那么决定先做哪些需求就显得尤为重要。因此，客户成功团队作为需求的提出方，为了方便产品部门进行判断，我们需要对需求进行优先级排序。

每个客户成功经理都会认为自己负责的客户提出的需求优先级最高，因为越快满足客户的需求，客户对他的好感就会越强。

但是，如果所有的需求都是最高优先级，那就相当于没有优先级。如何合理地划分需求的优先级呢？我之前设计了一个模型，如图 8-2 所示。该模型从四个维度给需求打分，每个维度满分为 25 分，四个维度综合得分最高的需求优先级最高。这样虽不能百分百解决问题，但是多数情况下是合理的。

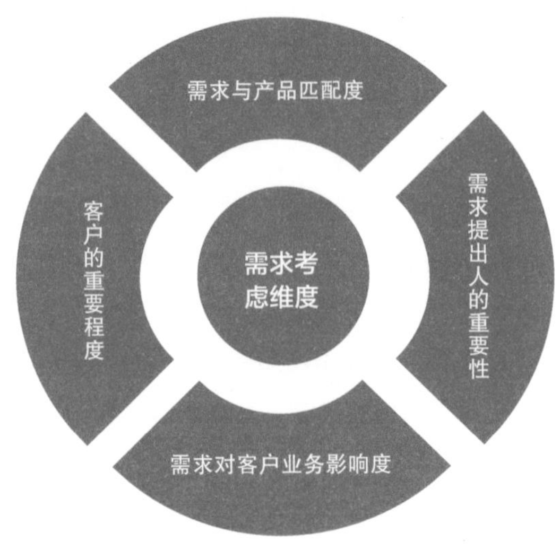

图 8-2　客户需求优先级评估模型

维度一：需求与产品规划是否契合。

判断的依据是，客户提出的需求是否在我们产品的规划中，或者说是否是我们的产品应该具备的。例如，我之前做 CRM 产品的时候，客户向我提出库存管理的需求，这个功能已经超出了 CRM 产品的短期功能规划，所以此需求只能暂时被搁置，或者作为优先级较低的需求放入需求库中。

维度二：提出该需求的客户对我们的重要程度。

前面提到过，我们将客户按照影响力或者给我们带来的订单金额的大小进行了分级。重要的大客户或行业的标杆客户的需求优先级会更高。

维度三：需求提出人的重要性。

对于我们来说，需求提出者的角色不同，我们的重视程度也会不同。我们需要了解该需求的提出者在客户的团队里是一个普通角色，还是客户团队的决策者。显然，如果提出者是决策者，则他提出的需求相对来说会更加重要，因为如果他的需求无法实现，很可能会寻求我们的竞争对手的帮助。

维度四：需求对客户业务的影响程度。

我们的判断依据是，该需求是否会直接影响客户的业务开展。如果不实现这个需求，客户就无法使用我们的产品，则该需求一定是高优先级；如果不实现这个需求，客户仍然可以使用，只是用起来会麻烦一点，但并不影响实际业务，则该需求可以归为体验改善型需求，是低优先级的需求。

通过从以上 4 个维度对需求分别打分，就可以大致实现对需求优先级从高到低进行排序。对于产品部门来讲，可以清晰地知道哪些需求的优先级更高，从而在接下来的工作计划中明确安排资源的方法。

谈到需求的优先级，销售人员也会经常向产品部门反馈客户的需求，这些需求来自未签约的新客户；客户成功经理反馈的需求来自老客户，那么与客户成功经理提出的需求放在一起，谁的优先级更高呢？

绝大部分公司都会认为新客户的需求优先级更高，因为很多客户会说："如果你们的产品有这个功能，我就买。"但是，有的时候即使我们做出了客户想要的功能，客户又会提出新的要求。在我的理解中，老客户提出的优先级应该更高。这是为什么呢？

因为老客户已经花钱购买了我们的产品，说明他们是真的希望我们的产品能帮助他们解决问题，所以会很认真地使用我们的产品。在实际使用过程中，客户发现我们的产品缺失了一些功能，导致无法很好地解决他们的问题；或者是实际使用过程中的体验不好。只要我们把缺失的功能补上或者是对体验不好的功能进行优化，就可以更好地解决客户的实际问题。

新客户还没有开始使用我们的产品，他提出的需求还停留在想象阶段，很有可能这个需求在实际工作中发挥的作用并不大。所以，老客户提出的需求往往更贴近真实场景，更有助于提升我们的产品质量。

不过，需要强调的是，处理新老客户需求的方式与公司的发展阶段有关。如果我们的公司处于创业初期，还没有太多成熟的客户，公司更急迫的诉求是获取更多的客户，显然新客户的需求对我们来讲更重要，我们现阶段的目标就是获客。一旦公司拥有了庞大的客户基础，这时候产品的发展方向就应该是如何服务好存量的老客户，让他们持续与我们合作，以保障公司的持续增长。

8.2.3　产研团队、销售团队、客户成功团队的目标统一

众所周知，产研团队的目标是保障产品功能上线以及产品的稳定性。但是，当出现产品不可用或系统不稳定，让客户不满时，客户往往会把情绪发泄到销售人员或者客户成功经理身上。客户的这种不满情绪产研团队是感受不到的，一线人员会觉得非常委屈。同时，如果客户因此不购买我们的产品或不与我们续约，会直接影响销售部门或者客户成功部门的业绩，但是对产研团队的业绩影响不大。这样就会造成一个现象：销售人员拿不到提成，客户成功经理无法完成续约，但是产研团队的升职加薪未受影响，整个公司的氛围不好。导致此现象的直接原因就是产研团队和业务部门没有统一的目标。我们应该如何更好地解决这个问题呢？

根据我的经验，在各个团队核心考核指标不变的情况下，可以增加统一的目标来指引产研团队和业务团队，同时制定相关的激励制度。可以设置的目标有三个，如图 8-3 所示。

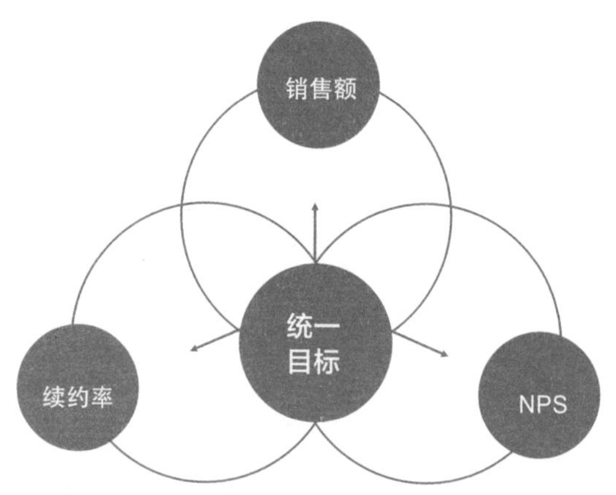

图 8-3　产研团队、销售团队、客户成功团队的统一目标

目标一：销售业绩完成度。

销售人员是否能完成销售业绩，虽然与销售人员的能力有很大关系，但是与产品本身的能力也有非常强的关联。如果产品的能力远远胜过竞争产品，那么对于销售人员来说这肯定是极大的利好；如果同质化竞争非常严重，那么销售人员的能力以及老客户的口碑就会有更大的影响；如果产品能力不如竞争产品，那么我们在竞争中就会面临很大的困难，如果产品缺失的能力对客户来讲非常关键，我们就更难说服客户选择我们的产品了。

客户在选择产品的同时也在选择服务商和合作伙伴。所以，客户成功带给客户的价值也是销售人员售卖的一部分，老客户带来的口碑效应同样也会对销售人员的业绩带来影响，如果客户成功经理有非常多的成功案例，销售人员在销售过程中就会有更多的“子弹”可以打出去。因此，应把销售业绩完成度作为三个团队的统一目标，要让产研团队更多地关注为什么我们的产品卖不出去，更多地倾听来自客户的声音。

目标二：客户续约率。

与销售业绩完成度类似，如果产品做得足够好，能够解决客户的实际业务问题，同时又有非常棒的用户体验，客户的满意度一定会很高，客户的续约也会变得非常容易。同时，借助客户成功的专业服务，可以进一步拉开我们和竞争对手的差距。再次强调前面的观点，若销售人员也关心续约率，就不会将产品卖给错误的客户，客户的口碑会带来新的客户，如此正向循环。因此，客户续约率作为第二个统一目标是合理且必要的。

目标三：NPS。

NPS（Net Promoter Score，净推荐值）又称口碑，是一个度量某个客户将会向其他人推荐某个企业或服务可能性的指数。它是最流行的顾客忠诚度分析指标，专注于顾客口碑如何影响企业成长。不同于客户满意度调查，NPS 是从整个公司的角度来衡量的，其不只是关注产品或者服务的某些方面。因此，公司的产品、服务或市场影响力等都会影响该指标。所以，全公司一起努力让 NPS 越来越高是非常有价值的统一目标。

对于统一目标的激励，我建议作为额外激励而非日常考核指标，即任何团队完成了本职工作，就能获得他们应得的激励；如果完成上述统一目标，那么所有相关团队都可以得到更多的奖励。例如，我们可以将目标设置为：销售业绩达 1000 万元，续约率达 90%，NPS 提升 10 分。奖励方式也需要设置得简单一点，让所有员工都能一眼看明白，如果目标完成，自己会得到怎样的回报。例如，公司为所有员工设置 1～2 个月的月薪作为年终奖金，年底的时候根据 3 个目标的完成率来计算年终奖的发放比例。当然，也需要设置下限，例如，续约率如果低于 50%，则额外奖金为 0，不再考虑其他指标。也可以在统一目标达成后，公司额外提供一笔预算用于团队旅行，以增强团队的凝聚力。这样的激励效果也不错。

8.3　与市场团队的配合

可能大多数人会认为，市场团队和销售团队的配合非常紧密，与服务团队应该不会有太多交集。但事实上，市场团队除了帮助销售团队带来新的线索外，帮助公司建立品牌也是他们的重要职责。同样，客户成功团队要从多个角度维护客户，特别是以批量方式对小客户进行维护时，也离不开市场部门的支持。所以，要做到让公司成功、让客户成功，市场团队也需要成为客户成功团队的一分子。客户成功团队和市场团队通常不会有合作上的矛盾，而需要紧密配合的工作主要有以下三个方面。

- 借助市场团队对老客户进行持续运营。
- 客户成功团队与市场团队联合举办各种活动。
- 双方联合起来进行客户满意度调查和分析。

8.3.1 维护老客户要做的 3 件事

市场部通常会做非常多的工作来吸引新客户，但同时往往会忽视老客户的运营。作为一个倡导全员客户成功的公司，我们不能忽视这一点。对老客户进行维护，我们需要同时考虑管理者和一线员工。

无论是销售人员还是客户成功经理，通常服务的都是企业的管理层。对于管理层，我们会提供各式各样的主动服务，除了客户成功本身会做的那些工作外，我们还会全方位增强我们与客户管理层的连接，不仅是人和人的情感连接，还有公司与公司的情感连接，我们需要对客户进行持续运营。

虽然客户方的决策者能最大程度上保障我们的产品在企业内部应用和推广，但是一线员工的产品使用体验和反馈也是我们不能忽视的，没有企业管理者会接受因为使用了一个新的产品而导致大量一线员工不满的情况。一线员工通常都是被动地接收信息，很少有人会主动为他们提供服务，所以我们更需要对一线员工进行运营。

老客户的运营工作可以从如下 3 个维度进行。

1. 客户案例和最佳实践的包装与传播

客户案例和最佳实践由客户成功团队主动输出，市场团队配合包装与传播。客户成功团队是最了解客户的，其负责把客户的真实情况记录下来。真实情况最容易让其他客户产生共鸣。

为了使输出的客户案例有更好的传播效果，我们可以先向市场部了解目前哪些行业可以作为重点突破方向、市场上有哪些热点话题等。接下来，我们从重点行业的现有客户中挑选出具有代表性的客户，将他们的真实情况写成客户成功案例，将市面上具有传播潜力的热点话题融入案例和最佳实践中。市场团队中的专业文案人员对案例进行全方面修改和润色，让标题更吸引读者，让内容更加生动有趣，让排版更易于阅读。最后，借助市场团队维护的官方微信、微博之类的渠道，定期将案例推送给广大的一线用户，让他们感觉到我们与他们是时刻保持连接的。

2. 产品新功能推广

同样，产品新功能的推广也需要借助市场团队的官方渠道或者 EDM 之类的方式大批量触达一线用户。SaaS 软件的一大特点是快速迭代，每个月发布一次版本更新是很常见的，有的产品甚至会每周推出一次新版。对于新客户来讲，刚接触我们的时候看到的一定是产品的最新版本，但是随着使用时间的推移，在新客户变成老客户的过程中，我们的产品也会上线很多新功能，此时如何让老客户快速了解并学会使用这些新功能对我们来说是一个挑战。

通常，客户成功团队会将客户最期待的新功能或者改变较大的功能提炼出来，并将相关介绍录制成视频或者是写成小册子，交由市场部的同事。也可把视频剪辑成易于传播的小视频或者是制作成可以直接在朋友圈转发的 H5 页面，这样能非常方便地推送给我们用户。

3. 网站帮助中心建设

网站的帮助中心是客户进行自助服务的地方，客户会经常访问。帮助中心的内容包括常见问题、操作手册和培训视频等，需要市场团队和客户成功团队一起制作和维护。好的帮助中心可以让客户快速找到问题的答案，从而减少客户成功团队的工作量。

在建设帮助中心的过程中，客户成功团队可以输出的内容有 FAQ、操作手册、培训视频等。

（1）FAQ

FAQ 即常见问题及其答案。这里所说的问题主要有两类：我们认为客户会遇到的问题以及客户在使用过程中反馈的高频问题。每个问题都需要进行分类，打上相应的标签，以方便客户搜索和查询。

（2）操作手册

操作手册建议用图文并茂的形式呈现，类似于家用电器的操作说明书，客户只要根据手册进行操作就可以获得想要的结果。但是，我并不建议从头到尾把产品的所有操作都放在操作手册里面，这样会导致操作手册内容过多，不便于阅读。我们可以根据产品的功能模块或使用场景对操作手册的内容进行划分，让操作手册模块化和有针对性，方便用户根据需要自行查阅。

（3）培训视频

培训视频与操作手册类似，也应按照功能或场景分成小段，建议每段播放时间不要超过 5 分钟，这样既便于用户观看，又不会导致文件过大，用户还可以将视频保存到手机上以便随时查阅。

当客户成功团队把这些内容做好之后，市场团队就可以根据官网的风格，对它们进行合理布局，设计出帮助中心的网页。要强调的是，现在是移动互联网时代，网页对移动端的适配非常重要。

帮助中心建好以后，就可以通过不同的途径引导客户访问帮助中心了，要尽量引导客户养成自助服务的习惯。

8.3.2　面向老客户，要做哪些市场活动

客户成功团队和市场团队除了要一起运营客户外，还要一起做各种能连接客户的线上、线下活动。

1. 线上活动

线上活动的类型非常多，最常见的是直播，这也是当下最热门的活动类型，其中产品公开课和客户直播分享是直播的主要形式。

产品公开课是一系列的课程或培训，方便无法参加集中培训或现场培训的用户学习。直播的内容可以面向普通用户，也可以面向企业的管理层，还可以面向各个职能部门。培训的时间最好相对固定，比如每周一次，每次不超过 1 小时。

客户直播分享也是一种连接老客户的有效方式。能够和我们一起直播的老客户，一定是对我们非常信任，且愿意和我们站在一起的客户。老客户分享自己的真实感受，更容易让其他同类型的客户对我们的产品产生兴趣，因为他们听惯了商家的“自卖自夸”，更想听听用户的真实反馈。客户直播分享一般以访谈的形式进行，可以邀请不同行业、不同企业、不同岗位、不同层级的客户来分享他们使用我们产品的心路历程，引发其他客户的共鸣。

2. 线下活动

线下活动的类型也非常多，可以根据时间和预算举行不同规模的活动。

大型活动包括公司的发布会、高峰论坛，或者是一年一度的老客户答谢会。大型活动的规模一般能达到数百人甚至上千人，市场团队负责活动的操办，客户成功团队负责邀约客户出席。在这类活动中，如果有客户愿意上台分享经验或者是发表感言，对我们的品牌和口碑都大有裨益。是否能邀请到心仪的客户帮我们站台，也是对客户成功团队工作的一种检验。

“私董会”是近几年比较流行的小型活动，通常是以聚焦某个行业的主题论坛的形式召开，人数不会太多，大概 10 到 30 人；举办的频率大概是每个季度一次；可以在环境较好的咖啡厅或红酒庄园之类的地方举行；邀约的对象是客户方的管理层。这种活动可让参与者面对面交流经验，相互学习。

如果和客户的关系很好，也可以举办一些“走进客户”的主题活动，邀请同行业的其他客户一起去标杆客户那里参观和学习。这样既能帮助我们聚拢客户，又能帮助客户宣传他们的品牌，是一种双赢的活动。

上述这些活动都可以帮助我们拉近与客户距离，但需要市场团队和客户成功团队紧密配合才能顺利展开。

8.3.3　客户满意度调查必不可少

除了客户运营和市场活动需要市场团队和客户成功团队的紧密配合外，客户的满意度调查也需要市场团队和客户成功团队紧密配合。之所以需要市场团队参与调研，是因为无论是调研问卷的设计还是发放，市场团队都非常有经验，可以帮助我们收回更多的问卷样本，从而达到调研的目的。

NPS 调研是一种从大方向上了解产品在客户心目中形式的调查。NPS 问卷只有一个问题：是否愿意将我们的产品推荐给朋友？从 1～10 打分，10 分为强烈推荐。由于该问卷只有一个问题，用户回答起来比较快捷和方便，因此作答率通常会比较高。

NPS 的调研对象通常是使用产品超过三个月的客户，如果客户没有很深入地使用我们的产品，就很难让他们做出客观的选择。在国外，NPS 调研以发邮件的方式居多；在国内，因为邮件不再是最常用的工具，因此采用软件内弹窗的方式更常见。例如，我们在使用手机的时候，有些 App 会有弹窗提示，问我们是否愿意将该 App 推荐给朋友，这时我们只需要通过打分就可完成调研。

客户满意度调研是更加详细的调研，通常是在 NPS 调研之后进行。我们拿到 NPS 调研结果后就会知道哪些客户愿意推荐，哪些客户不愿意不推荐。接下来我们要针对不同的客户群体设计不同的调研问卷，通过更加细致的满意度调查来进一步了解客户。对于愿意推荐的用户，可进一步了解他们是因为产品体验好还是因为对服务满意才选择推荐；对于不愿意推荐的用户，可进一步了解他们是因为我们的服务不够专业还是因为产品无法满足需求才选择不推荐。

对于 NPS 调研和客户满意度调研我建议是半年左右进行一次。如果太频繁，客户会觉得被打扰，而且短时间内我们也很难让客户感到明显改善；如果间隔太久，会显得我们反应速度太慢，那些对我们不满意的客户很可能已经流失，为时已晚。

对于调研，我建议尽量追求客观结果。我们不要去引导客户给我们打好评，因为这样就失去了调研的目的。我们进行 NPS

调研和客户满意度调研，目的就是了解客户心目中真实的我们，以鞭策我们做得更好。所以，很多公司雇佣第三方机构进行调研，其中一个目的就是获得更客观的结果。

调研的最终目的是指导我们接下来的工作，所以我们需要对调研结果进行科学分析，用数据支持我们的决策。对于调研结果，我们可以从以下 4 个维度进行分析：

第一，按客户类型分析，可以帮助我们了解产品与客户的匹配度，从而勾勒出清晰的客户画像。通过调研数据，我们可以了解到究竟是标杆客户更满意，还是中小客户更满意；是互联网行业的客户更满意，还是制造行业的客户更满意。我们可以进一步分析得知，我们的产品与什么类型的客户或是什么行业的客户更匹配，从而帮我们决定是在匹配度高的客户身上下更多的工夫，还是要扩展产品和服务的范围来匹配更多类型的客户。

第二，按反馈者在公司的角色分析，可以帮助我们了解不同的角色对我们产品的满意度。当然，客户方 CEO 的满意度是我们最关注的，他对我们的产品是否满意，很有可能直接决定该客户是否会续约。普通用户的满意度也很重要，虽然他们不是决策者，但他们是真正的使用者，他们对产品和服务的体验更有发言权，可以帮助我们改善产品的细节。

第三，按功能模块分析，可以让我们深入了解客户对产品各个模块的满意度。如果客户对多数模块都很满意，唯独对某一模块不满意，我们就需要重新审视该模块是否真的解决了客户的问题、是否存在明显的功能缺陷、操作起来是否非常方便等，从而有的放矢地改善产品。

第四，按我们提供的服务类型分析，可以帮助客户服务团队了解亟待提升的服务内容。例如，分析客户对我们的 400 电话服务是否满意、对我们的在线客服是否满意、对我们的线下回访服务是否满意等。如果客户反馈电话无人接听或在线排队等待时间过长，我们就需要思考该如何改善进线率的问题；如果客户的反馈线下回访频次太低，我们就需要思考该如何在现有人力资源的情况下如何提升回访频次。

所以，满意度调研是寻找产品改善方向的必不可少的手段之一。与市场团队共同进行产品调研，能达到事半功倍的效果。

|第9章| CHAPTER

我的客户成功感悟

我从 2014 年 2 月开始做客户成功管理工作，至今已 6 年有余。刚开始搭建客户成功团队时，招聘通知发出后，却根本没有人应聘，因为当时很少人知道客户成功这个岗位；主动去搜索候选人，也找不到正在做客户成功工作的人。想对客户成功的理念进行系统学习，当时国内也没有任何资料，只能上网看英文材料。经过了这几年的发展，SaaS 公司在国内不断崛起，尽管仍然有人在问我：你的职务为什么叫客户成功负责人？客户成功是个什么岗位？但是，明显可以感受到客户成功已然是一个蓬勃发展的职业。

作为本书的结尾，本章和大家谈谈我对客户成功的思考。

9.1 客户成功是我的选择

2014 年 2 月，我刚刚 MBA 毕业，正在规划自己新的职业生涯。我的个人方向很明确：选择正处在风口的行业，选择该行业中的核心岗位。

因为是软件工程专业背景，所以我还是在软件领域寻找机会。在 MBA 的课堂中学了 Salesforce 的商业模式，起初只是觉得 SaaS 模式很有创意，是一种创新，却没把这当成一种颠覆。但是随着学习的深入，发现从前的软件行业巨头如 SAP、Oracle 等都在 SaaS 化，即从传统软件厂商向云软件厂商转型，而且 SaaS 软件带来的收入在他们总收入中的占比逐年提升。

毕业前我也曾拿到一个 Offer——微软 Office365 的销售经理。那时突然发现连微软的 Office 都改为了 SaaS 模式，可见 SaaS 已是大势所趋。于是当时我就认定要在 SaaS 行业中寻找合适的机会。

选好行业后，我开始深入了解 SaaS 公司有哪些核心岗位。除了软件公司必备的销售、产品、研发等岗位外，我接触到了之前从没听说过的岗位——客户成功。SaaS 模式的魅力在于增长，增长的速度让风投界为之着迷，即便公司发展到成熟期，仍然可以保持每年 100% 的增速，这在软件领域是何等令人惊叹。

我深入研究后发现，增长的秘密来自新客户与老客户“两翼齐飞”。随着 SaaS 公司的成长，老客户带来的收入就好像滚雪球一样，会逐渐超过新客户带来的收入，且差距会越来越大，公司的增长也会越来越依赖老客户的留存和持续消费。承担让老客户持续留存重任的工作岗位就是客户成功经理，而这正是我想找的风口行业中的风口岗位。

于是，从那时起，我就坚定地走上了客户成功这条路。事实证明，无论是行业还是岗位，我都选对了。伴随着 SaaS 行业的发展，国外已经诞生了一个新的高级职位 CCO（Chief Customer Officer），这意味着客户成功经理已经可以晋升为公司的最高管理层，相信在国内很快也会出现类似的岗位。

9.2　客户成功的两大价值

如果我们不只是把客户成功当成一份工作，它的价值就不再只是工资和职位。从我的个人感受来讲，客户成功真正的价值体现在两方面。

第一，给我带来的个人提升。

业绩好的客户成功经理都能够和客户方的决策人打成一片，能给客户方带去价值。能够和决策人平等对话甚至是给出指导建议的前提是，客户成功经理要具备丰富的行业知识，有丰富的成功案例，且了解每个决策人关注的要点及其解决方案。要达到这个境界，除了不断自我学习外，在日常工作中与客户高层一起探讨业务也是非常好的学习机会，这相当于在现实中持续进修 MBA 课程，而且每一个客户都是一个鲜活的案例。

早期在做 CRM 产品客户成功的时候，我每天都在和客户方的老板们沟通他们是如何做生意的，他们为什么会做这样的生意，做生意的过程中遇到过什么困难，然后和他们一起想办法去解决这些困难。通过这样一次又一次的沟通、探讨和学习，我对常见的商业模式、常见的销售团队管理方式都有了深刻的理解。后来我对于任何一个客户遇到的销售管理难题，脑海里都可以蹦出多种解决方案。通过这几年的工作，我觉得自己收获了在投资公司和咨询公司同时任职才能获得的知识。

第二，帮助客户取得成功后的成就感。

前面讲过了，很多种客户会出现濒危的情况，但是有一种我没有提到，而且是无法挽回的，那就是客户自身业务出了问题，进而带来严重的经营问题。客户的业务出了问题，可能生存都无法保障，怎么会有精力和预算投在软件工具上？他们自然不会续约。所以，真正的客户成功，并不是让客户续约，而是帮助客户取得成功。

早期我在做 CRM 产品的时候，想的都是如何让客户更多地使用我们的产品，从而保证他“跑不掉”。一两年之后我发现，那只是我的成功，不是客户的成功。甚至可以说，自己并没有完全尽到客户成功的责任。当客户经营出现困难的时候，我只是觉得这个客户肯定不会续约了，但这不能怪我。

后来我逐渐开始思考，客户购买我们的 CRM 产品一定是希望提升业绩，但是我让客户的业绩提升了吗？我开始不断问自己。于是我的工作重心从让客户使用产品转移到了客户经营本身。我会和客户探讨如何让他们的品牌和竞争对手产生认知差异，如何让销售人员更有干劲，是该在核心城市布局还是执行

“农村包围城市”战略，我甚至会和客户的销售总监一起分析如何赢下某一个正在跟进的商机。

我印象最深刻的一次经历是，某一天我正在和某互联网客户的销售 VP 探讨销售策略，他们的 CEO 走进会议室，却没有打断我们，只是坐在旁边听我们讨论。

讨论结束后，CEO 终于忍不住问我：“你以前做过销售吗？”

我回答：“没有。”

他接着问：“那你怎么懂这么多销售的事？”

我回答：“就像今天在和懂销售的人探讨中学到的。”

这件事一直让我记忆犹新，让我获得了很大的满足感。我觉得自己可以真正帮助客户解决销售中的问题，帮助他们提升业绩，帮助他们取得成功，从而获得他们的信任。有了信任以后，续约还会是问题吗？

所以，**客户成功真正的价值是让自己和客户都越来越成功。**

9.3　客户成功的 3 个思维

前面介绍了什么样的企业需要客户成功部门，这里我想谈一谈什么样的人需要客户成功思维。

如果你是一家企业的老板，即便你的公司不是 SaaS 公司，也需要用客户成功的思维去经营。你需要思考：你的客户是谁？他有什么痛点？他为什么需要购买这样的产品？又为什么会从众多的产品中选择你的产品？

只有去深入了解客户，并且随着客户的变化不断地问自己，不断地去修正问题的答案，你的企业才有可能持续成功。

老板用客户成功思维去经营企业的案例很多，所以不再赘述，这里我想和大家分享，普通员工应该如何用客户成功的思维去工作。例如，你是 HR 部门的招聘专员，你应该如何用客户成功的思维去完成你的工作？

第一，弄清楚你的客户是谁。

你的客户有两个：候选人和用人部门。很多招聘专员会认为候选人是“产品”，他们的工作就是把候选人这个“产品”卖给用人部门。这个理解太片面。优秀的候选人一定有很多选择，所以你又何尝不是在把公司这个“产品”卖给候选人呢？所以，你的客户有两个。

第二，找出你的客户需要什么。

用人部门永远会告诉你，他们需要最好的人。什么是最好的？最好的标准是什么？有哪些条件是必须具备的？哪些条件是加分项？你需要不断地和用人部门沟通、磨合，帮助他们把职位描述写得尽可能清晰，这样更容易获得更多的简历。同时，你需要不断地和用人部门分析每一个候选人。比如，这个人为什么没有通过面试，通过的人具备哪些特质。这样可以构建一个清晰的候选人画像，方便以后更准确地从众多候选人中选中最合适的推给用人部门，以减少花在无效面试上的时间。

同样，面向候选人的时候，首先，你需要充分了解他的诉求，比如他对薪资、职位、工作地的想法，以及他对团队的期望等，不要让他有不合理的预期；其次，整个面试过程中都要和他保持顺畅沟通，不要让候选人产生“杳无音信”的感觉，而接受了别家的工作；最后，当他需要做选择的时候，你除了不断地宣传自己的公司之外，更要站在候选人的角度帮他做决定，让他认可选择你才是最合适的。

第三，关怀每一个你招进来的人。

你的工作虽然是招人，但是如果招进来的人很快就离职，那你就需要再去招新人，你的工作会永远完不成。所以，候选人入职之后，你需要关心他，比如了解他是否顺利地融入团队。同时，你也要和用人部门继续沟通，了解候选人入职后的表现是否和他面试时的表现一样好，从而确定我们是否需要修正面试标准、改进面试内容等。

如果你招聘进来的候选人都工作得非常开心和顺利，这就相当于你帮助自己和公司都建立了良好的口碑。用人部门会信任你的眼光，候选人会帮助你推荐朋友加入，从而帮助你更好、更快地完成招聘任务。

可见，客户成功并不只是 SaaS 公司中的一个部门或岗位，也不是只有老板才需要具备的工作视角，而是每个人都需要具备的思维方式。

9.4　客户成功的 10 条定律

经过这么多年的学习和实践，我将自己的心得体会和走过的弯路总结成了 10 条定律，希望能够帮助大家更深刻地理解客户成功，理解客户成功工作的方式和重心。

定律 1：只把产品卖给正确的客户

前面提到，90% 的断约起因于销售环节，把产品卖给错误的客户是对所有资源的巨大浪费。将产品卖给错误的客户，就像是将大量的资源倒进下水道，市场投入、销售投入、服务投入都将得不到任何回报。不仅如此，还相当于给公司做了负面宣传，客户会对外说是因为我们的产品能力不够才导致他流失的，我们需要付出更多的成本来挽回因此造成的声誉损失，这些损失远远高于该客户带给我们的收入。

为了避免这种情况发生，需要 CEO 自上而下建立全公司范围内的认知，让销售人员意识到把产品卖给错误客户带给公司的伤害。同时，销售管理者需要对这件事的后果负责，而不是仅仅对销售额负责。

定律 2：如果关注不够，客户就会流失

当我们对客户关注度不够时，我们和客户的关系一定会逐渐疏离，最终分道扬镳。一开始，客户和我们的关系就像两条挨在一起的船，如果没有被很好地绑定在一起，随着水流前行，两条船会逐渐分开。我们和客户的信任关系建立在我们的高专业度和双方的高亲密度的基础之上。如果我们对客户不够关注，我就不能及时感知客户的痛点和价值认知的变化，更可怕的是，如果有竞争对手及时与客户接触，那么客户就会逐渐离开我们。

为了避免客户流失，我们需要不断地与他发生关联。对于

标杆客户，我们需要和他们有很强的关联，如频繁地召开会议和进行拜访等。对于非标杆客户，我们需要利用技术的方式加强彼此的联系，例如 EDM、论坛、社区、满意度调查等，然后针对一些典型反馈主动出击，了解流失的原因或是客户对产品的期望，从而提升产品质量和流程效率来赋能和支持我们的客户。

定律 3：客户希望通过我们获得成功

之前曾读到过一句话："客户购买的是解决方案，而不是技术"。其实，客户并不会优先关注我们的产品是基于什么技术实现的，比如是 SaaS 方式还是定制产品，是 PC 版本还是手机版本，等等。客户最先关注的是我们能否为他们提供解决方案。客户够买产品只有一个目的：实现业务目标。更进一步，客户的管理层想知道他们现在做得怎么样，还要做哪些改变，并希望我们能够给出建议。

因此，客户成功经理要帮助客户设置合理的预期，制定合理的"成功"衡量指标，并引导客户走向正确的方向，为客户量身定制基于我们产品能力的解决方案。客户成功经理指引客户将"成功"量化，不断带领客户在产品中验证是否离成功的目标越来越近，也帮助客户计算在我们产品上的投入产出比。最终，客户通过我们的产品和解决方案，实现业务目标、痛点被解决、投入产出比高，这才是客户期望的成功，也是客户成功经理需要谨记的根本目标。

定律 4：让客户高兴并不是客户成功的工作

很多人对服务的理解是让客户绝对满意。无论客户提出什么要求，都尽全力去满足客户。从某些角度来看这的确是服务团队应该做的，但并不是客户成功应该做的。

客户成功的角色更接近顾问，而不是客服。我们凭借自己的专业能力，准确地指出客户业务中的问题，而不是赞扬客户做的都是对的。解决方案不是客户自己来设计，而后由我们按照要求执行，而是应该由我们来设计。我们还应该告诉客户，如果他们哪些方面做得不好，就会导致失败，尽管他们听了可能会不高兴。

最终让客户高兴的是业务问题的解决和业绩的改善，而不是我们每天的毕恭毕敬。

定律 5：客户本不应该被平等对待

我们都知道，并不是所有客户对我们来说都有同样的价值和重要性，在某种程度上，客户与价值同样遵循着二八法则。我们也知道，在资源、成本投入有限的情况下，我们很难与每个客户（尤其是小客户）都建立深厚的个人关系。同样，客户付出的代价和对我们的要求也不一定成正比，小客户的需求不一定比大客户少，小客户对于服务要求的苛刻程度也不一定比大客户低。所以，作为企业经营者，我们需要考虑投入产出比，这也决定了我们不能平等对待所有的客户。

首先，我们要对客户进行分级，对待不同层级的客户使用不同的服务策略。

前面的章节讲到过，我们可以将客户分为标杆客户、普通客户和小微客户。对于标杆客户，我们会重度投入资源，希望得到高回报；对于普通客户，我们投入有限的人力资源，尽可能维持客户的高满意度；对于小微客户，我们很少或者不投入人力资源，让客户进行自助服务，并且我们不会过分关心小微客户的留存情况。

其次，在符合市场规律的前提下，我们该如何服务客户是由我们决定的，而不是任由客户要求。

客户可能会要求我们使用微信群的方式进行服务，也可能会要求我们 7×24 小时随时在线，还可能会要求我们提供 400 电话。对此我们并不需要完全照做。我们需要考虑的是，如何差异化、高效率地为客户服务。例如，对于 VIP 客户，我们提供在线人工服务和电话服务；对于小微客户，我们优先用机器人提供自动回复；对于 VIP 客户，接入人工服务无须排队；对于小微客户，接入人工服务时需要按接入的顺序排队。这些都是我们差异化服务客户的方式。同样，响应客户的时效性也是由我们来决定的。例如，对于 VIP 客户，我们会在 30 分内回复；对于小微客户，则会在一个工作日内回复。

通过差异化的服务方式，可让优质的客户获得优质的服务，从而留住优质客户。

定律 6：客户成功要对自己的指标负责

客户成功有别于传统的服务岗位，并不以客户满意度作为考核指标，而是更关注最终的业务结果。客户成功经理在日常工作中的行为会直接体现在业务结果中。作为客户成功团队的管理者，我会重点关注以下几类指标。

- **客户的行为指标**：NPS 结果、软件使用率、客户活跃度、客户健康度等。
- **客户成功经理的行为指标**：拜访客户的频次、项目交付的完成情况、客户需求、问题的跟进情况等。
- **业务产出指标**：断约率、客户增购、客户转介绍等。
- **收入指标**：有些公司没有设置续约经理的岗位，通常由客户成功经理承担老客户的续约任务，则需要关注续费金额、二次销售金额等收入指标。

以上各项指标对于我来讲同等重要，客户续约是综合各种指标的结果。同时，客户成功会更注重日常管理，如果日常指标好，通常结果指标也会好。所以，客户成功需要用量化指标关注客户一整年，而不仅仅是续约的结果。

定律 7：客户留存率天然不会是 100%

客户留存率 100% 是个美好的愿望，但不应该是我们追求的目标。

首先，即使我们的产品再完美无瑕，客户仍会以各种各样的方式离开。有些客户因为自身倒闭而断约，有些客户则会因为价格、个人关系等原因而选择竞争对手的产品。

其次，作为企业的经营者，我们需要确保公司的盈利持续增长，但是客户的留存并不是公司盈利增长的必然前提。我们留下优质客户，淘汰那些可能会影响我们口碑、影响我们正常产品规划的客户，从长远来看是更加合理的选择。

因此，我们不必因为某个具体的客户流失而过分焦虑，也不需要想尽一切办法继续投入精力和成本在某个已经确定会离开我们的客户身上。我们需要通过这些客户的流失明确哪些是我们的优质客户群体；同时，找到客户流失的真正原因，避免真正的优质客户因同样的原因离开我们。

定律 8：客户成功要帮助客户完成工作

B2B 产品要能帮助客户解决工作中遇到的问题，客户只有在无法顺利完成自己的工作时才会需要购买产品或服务。客户成功作为 SaaS 中的重要一环，除了交付软件外，更重要的是提供服务。

B2B 的另一个特点是客户不等于用户。购买我们的产品或服务的人，需要用我们的解决方案来完成他的工作，他才是我们的客户。用户虽然是产品的直接使用者，但是真正要解决的问题并不在他们身上。我一直强调，客户成功更像是企业的顾问，更准确地说，是购买发起者的顾问，正是因为他本人遇到了困难，他才会从市场上找到我们。我们需要帮助他诊断问题，找到问题的根本原因，并给出建议，最终要达到的结果是：他之前无法完成的工作，在我们的帮助下顺利完成了。

定律 9：客户成功要全方位改善用户体验

决定我们的产品在市场上的口碑和客户能否留存的，并不只是产品或者服务的某一方面，而是客户的全方位体验。从客户听说我们，打开我们官网的那一刹那开始，客户的体验就会影响到他们对我们的印象。

当客户听说我们时，市场上关于我们产品的定位和描述决定了客户对我们的第一印象。客户打开我们的官网，网页的内容和布局是否让他有兴趣浏览下去，这是体验的一部分。如果客户感兴趣，想下载我们的产品，能否快速地找到下载地址，这也是体验的一部分。客户遇到问题后，从哪里可以联系到我们，我方联系客户的人表现出的职业度、我们的产品价格、产品最终给他们带来的效果等，都是客户体验的一部分。

客户成功是距离客户最近的人，是在客户整个生命周期中接触客户最多的人。所以，我们不应该只是关注客户为什么选择我们，为什么会留下，还应该关注其他的客户为什么会流失，客户选择我们的过程中还有哪些不愉快。客户成功需要将这些信息反馈给销售部、市场部等，把所有客户可以接触到的环节中体验不好的地方都找出来，全方位提升我们自己。

定律 10：客户成功要帮助公司改进产品

优异的产品设计和解决方案，加上极致的客户体验，是客户留存的关键因素之一。任正非曾说过："让听得见炮声的人来指挥战斗"。一线销售人员带来的真实的市场反馈，客户成功从客户的真实使用场景中收集到的真实需求，都能够帮助产品快速迭代，满足市场的需要。

除了销售人员和客户成功经理可以收集客户需求外，客户成功经理还可以选择部分具有行业代表性的客户，带领产品经理一起拜访，以深入了解客户的业务。同时，还可以提供一些渠道让客户主动给我们提交反馈，例如客户社区、客服中心等。客户成功作为桥梁，可打通客户和产品之间的反馈通道。

我喜欢把公司比喻成一个饭店。销售人员负责在门口发传单迎客，客户成功负责客人入座、点单、上菜、结账。客人是否会成为回头客，最终是由菜品的口味决定的。我们都见过那种食品美味但不起眼的小馆子，这些小馆子选址差、环境差、服务态度差，但是依然有数百人排队，归根结底是因为产品足够好。而厨师很少会走出厨房问客人觉得味道怎么样。想要改善菜品，除了厨师个人的创造力外，还需要我们这些服务员去收集每一桌客人的意见并反馈给后厨，最终一起把我们的饭馆打造成为“网红餐厅”。

9.5　SaaS 和客户成功的未来

在读 MBA 之前，我做过 5 年的咨询顾问，这使得我对客户成功的理解比没有做过咨询的人更加深刻。

很多人对客户成功的理解还停留在“客户成功是客户的服务者”的层面。这种理解不能算全错，但是此“服务”并非彼“服务”。售后服务是一种服务，业务咨询也是一种服务，客户成功更接近或者说就是后一种服务。客户成功和咨询顾问的相同点是帮助客户发现问题、分析问题、解决问题；不同点是咨询顾问的解决方案往往是思路，落在 PPT 上即可，有时会向客户推荐工具，而客户成功的解决方案落在某一款软件上。所以，在做客户成功的过程中，我发现和我以前做咨询顾问时的工作内容并没有太大差别，只是有时候软件出现了问题客户也会找我，而咨询顾问是没有这部分任务的。

随着技术的不断发展，软件产品的同质化越来越严重。与竞争对手的产品相比，自己的产品可能确实有缺失或稍显逊色，但是这些不足在一周或半个月后发布的下一个版本中就能补上，因此功能不再是竞争优势。真正能拉开差距的是服务，是服务者能够输出的解决方案。

与此同时，软件工具越来越追求简洁、易用、轻量、用户体验，所以 SaaS 模式的复杂软件会越来越少。软件工具的操作不再是障碍，但是如何将工具与业务完美结合，如何解决业务痛点，才是真正需要交付给客户的。因此，未来更流行的 SaaS 模式将会是“咨询 + 工具”的整体交付方式。

当然，如果是简单工具，例如云盘、企业聊天软件等，是无须提供咨询服务，但是此类软件很难让客户有黏性，也许免费、赠送空间等手段是留住客户的好办法。涉及客户业务的产品，例如 CRM、HR、ERP 等，前期提供咨询服务是必不可少的，因为客户遇到的问题绝对不是缺少工具，而是管理或者流程出现了问题。将来承担这部分咨询工作的角色就是客户成功。客户成功的工作重心就会从工具培训、软件支持，逐步转移到业务咨询上，软件工具会作为解决方案的承接者。

所以，将来 SaaS 公司可能需要重点做两件事：第一，提升业务咨询服务；第二，让软件变得更易上手。收费模式也可能转变为软件本身免费，咨询服务需要收费的模式。通过咨询服务建立竞争壁垒，会是更加牢固的模式。

客户成功的就业前景会更加宽广。除了可以作为 SaaS 公司的客户成功角色外，还可以成为独立顾问，专注帮助客户解决业务问题；也可以凭借丰富的业务知识，从乙方入职甲方，成为甲方某项业务的管理者。客户成功不再是服务者的代名词，而是行业专家、业务教练的另一种称呼。

推荐阅读

私域
流量池
3大系统，4大步骤
轻松玩转私域流量池
PRIVATE DOMAIN

私域
流量

引爆社群
移动互联网时代的
新4C法则
Ignite Community

引爆微信群

First
Feature
第一特性
第一特性
跨越创新的第二曲线

场景
方法论
如何让你的产品畅销，
又给用户超爽体验

引爆
用户增长

品牌营销
100讲
基础强化
认知颠覆

用户
增长
方法论
USER
GROWTH

推荐阅读

数据中台

超级畅销书

这是一部系统讲解数据中台建设、管理与运营的著作，旨在帮助企业将数据转化为生产力，顺利实现数字化转型。

本书由国内数据中台领域的领先企业数澜科技官方出品，几位联合创始人亲自执笔，7位作者都是资深的数据人，大部分作者来自原阿里巴巴数据中台团队。他们结合过去帮助百余家各行业头部企业建设数据中台的经验，系统总结了一套可落地的数据中台建设方法论。本书得到了包括阿里巴巴集团联合创始人在内的多位行业专家的高度评价和推荐。

中台战略

超级畅销书

这是一本全面讲解企业如何建设各类中台，并利用中台以数字营销为突破口，最终实现数字化转型和商业创新的著作。

云徙科技是国内双中台技术和数字商业云领域领先的服务提供商，在中台领域有雄厚的技术实力，也积累了丰富的行业经验，已经成功通过中台系统和数字商业云服务帮助良品铺子、珠江啤酒、富力地产、美的置业、长安福特、长安汽车等近40家国内外行业龙头企业实现了数字化转型。